Günther Klugermann

Geboren in den 50ern

Oh je, wie doch die Zeit vergeht!

Als die Haare länger ...

... und die Röcke kürzer wurden

HERKULES VERLAG

Ein herzliches Dankeschön für Fotos und Anregungen geht an meine erste große Liebe Doris Below sowie an meine ehemaligen Schulkameraden Margot Winkler und Albert Mergelsberg.

4. Auflage 2008

Druck und Buchbinderische Verarbeitung:
Druckerei Steinmeier GmbH, Nördlingen

34128 Kassel, Richard-Strauß-Straße 33
Telefon (0561) 9 37 17 38
ISBN 3-937924-22-1
www.herkules-verlag.de

Inhalt

Vorwort

Zu Beginn der 50er Jahre wuchsen die meisten Kinder noch in ziemlich bescheidenen Lebensverhältnissen auf. Der Wiederaufbau zog sich hin, die Beschäftigungsmöglichkeiten entwickelten sich zögernd, erst Mitte der 50er Jahre sanken die Arbeitslosenzahlen unter eine Million. Die „Wirtschaftswunderjahre" begannen.

Trotzdem verunsicherte der „Kalte Krieg"die Menschen. Ein großer Teil der alten Eliten saß noch wie ehedem an den Schaltstellen der Macht. Alle waren plötzlich vom demokratischen Geist beseelt, nur im Hausflur oder am Stammtisch brach oft die alte Gesinnung ungefiltert durch.

Konservative Politiker hatten das Sagen, und das machten sie verkniffen kleinbürgerlich und freudlos überall deutlich. „Keine Experimente" lautete der programmatische Slogan, mit dem die CDU/CSU zur dritten Bundestagswahl antrat und damit offensichtlich genau die Gefühlslage der Hälfte aller Wahlberechtigten traf – aber eben nur die der Hälfte.

Ein Kind der 50er

Kindern waren diese äußeren Rahmenbedingungen unbekannt, die daraus resultierende elterliche Gefühlslage wurde bestenfalls diffus vermittelt. Man konzentrierte sich auf das Wesentliche: Wie komme ich mit der Schule, der Familie und den Freunden halbwegs zurecht? Und so lange der weihnachtliche Gabentisch von Jahr zu Jahr üppiger ausfiel, konnte es so übel ja nicht sein. Es lief ja auch immer besser: Die alte Wohnungseinrichtung wurde gegen eine neue ausgetauscht, im Wohnzimmer stand irgendwann einmal ein Fernsehgerät und schließlich fuhr die Familie im eigenen Auto zum sonntäglichen Verwandtenbesuch oder gar ins Ausland in Urlaub.

Doch dann, in den 60er Jahren, kitzelte diese verrückte Musik anscheinend etwas heraus, das bisher gar nicht bewusst vorhanden gewesen war und trotzdem wie schon immer vermisst empfunden wurde. Freiheit, Gerechtigkeit, Demokratie, Liebe und Friede hießen die Begriffe, die der Elterngeneration um die Ohren geschlagen wurden. Doch die stand überwiegend fassungslos bis ablehnend dem gegenüber, was sich an Phänomenen und Manifestationen auftat.

Lange Haare ...

... kurze Röcke

(Vorlagen: Günther Klugermann)

Die Haare der Jungen wurden länger, die Röcke der Mädchen immer kürzer. Der Protest der 68er erreichte breite Schichten der Jugend – zumindest in einer äußeren Protesthaltung gegenüber alten Autoritäten. Über die Länge der Haare wurde im Elternhaus gestritten und um die Kürze der Röcke sowieso. Die Beatles und die Rolling Stones kamen. Und die Eltern fanden die neue Musik schrecklich – wie schon zuvor den Rock 'n' Roll ...

Günther Klugermann

Selbst gestrickte Kleidung für die Kinder war in den 50er Jahren und Anfang der 60er noch sehr verbreitet. (Vorlage: Reek)

Kinderleid und Kinderfreuden

Stoffwindeln und Selbstgestricktes

Als **Stoffwindelträger** wurde man schon frühzeitig zu selbst kontrollierten Verrichtungen genötigt. Das war anfangs zwar mit längeren Sitzungen auf dem Töpfchen verbunden, aber umso schneller klappte es dann zuverlässig. Die Bekleidung bestand in erster Linie aus **Selbstgestricktem**, später mussten die Sachen der älteren Geschwister aufgetragen werden.

Kleiner Junge mit langen Haaren (Vorlage: Herkules Verlag)

Anhand des **Haarschnitts** konnte nicht immer zweifelsfrei das Geschlecht bestimmt werden. Etwas längere Haare kamen nämlich den Schneidefähigkeiten der Mutter oder Großmutter entgegen, weshalb das mit der Unterscheidbarkeit nicht so eng gesehen wurde. Dafür mussten sich die Jungen später beim Friseur in umso kürzeren Abständen scheren lassen.

Die **Erzieherin** im – meist konfessionellen – Kindergarten hieß noch **„Tante“** oder **„Schwester“** und führte ein ziemlich strenges Regiment.

Der Samstagsbadetag

Das obligatorische **Samstagsbad** fand nach alter Tradition bei vielen Familien im **Waschzuber** statt. Erst mit fortschreitendem Wohlstand durfte man sich den Luxus einer Reinigung im **Volksbad** leisten. Bis dann die eigene Badewanne zur Ausstattung einer jeden Wohnung gehörte.

Bad im Waschzuber (Vorlage: Herkules Verlag)

Doch das warme Wasser kam noch lange nicht einfach mal so aus der Wand wie heute zu Zentralheizungs-Zeiten. Zunächst musste der Wasserkessel, meist aus Kupfer, angeheizt werden: Zeitungspapier, klein geschnitzeltes Holz darüber, ein Streichholz dranhalten, und schon loderten die Flammen. Dann wurden Holzscheite oder Briketts nachgelegt. Nach etwa 30 Minuten kochte das Wasser im Kessel und das meist kleine Bad war voller Rauchschwaden.

Nun konnte das erste Familienmitglied das wöchentliche Bad nehmen. Das Feuer unter dem Wasserkessel musste natürlich am Brennen gehalten werden. Denn, je nachdem, wie groß die Familie war, die anderen mussten ja auch noch ihr samstägliches Bad nehmen.

Zwar noch in bescheidener Ausstattung, doch bald hatten viele ihr eigenes Bad in der Wohnung. (Vorlage: Reek)

Wenn alle gebadet hatten, musste die Brennstelle unter dem Wasserkessel gereinigt werden. Die Asche wurde in die Mülltonne geschüttet, was natürlich immer eine sehr staubige Angelegenheit war und nach einem gerade eingenommenen frischen Bad nicht gerade angenehm. Dann wurde der Fußboden (manchmal schon Fliesen) rund um die Feuerstelle gesäubert und das Bad war wieder fertig für die Prozedur in der nächsten Woche.

Erst mit der Einführung von Zentralheizungen entfiel das Ritual des samstäglichen Badetags. Nun hatte man die Möglichkeit, heißes Wasser sozusagen direkt aus der Wand zu zapfen. In den Familien setzte sich das tägliche Duschbad immer mehr durch.

Vom Ölofen zur Zentralheizung

Mit Wärmflasche ins Bett

Oft waren die räumlichen Verhältnisse noch sehr beengt, die Wohnungsausstattung ziemlich einfach. In der Küche stand mitunter noch der **Kochherd** aus Vorkriegszeiten, zur Befeuerung mit Holz und Kohle, manchmal ergänzt durch einen **Gasherd**. Ein Kühlschrank ließ noch länger auf sich warten. Leicht verderbliche Ware kaufte man bis dahin nur in kleinen Mengen ein. Etwas Kühlung gab es im Keller, wo neben Heizmaterial auch einiges an Lebensmitteln eingelagert wurde.

Außerhalb der Küche war das Wohnzimmer mit einem Ofen beheizbar. **Ölöfen** kamen auf. Sie sorgten zwar für weniger Kohlenstaub in der Wohnung, dafür aber für einen unangenehmen Ölgeruch.

Die Schlafzimmer wurden zunächst wie eh und je noch nicht geheizt, weshalb man im Winter die Betten mit einer **Wärmflasche** vorwärmte und sich dann unter dicken Daunendecken vergrub. Wenn sich die Kinder überhaupt eines eigenen Zimmers erfreuen konnten, dann aber nur einem für alle. Erst später, als die Wohnungen zunehmend mit Zentralheizungen ausgestattet wurden, erhielt auch das Schlafzimmer im Winter eine angenehme Temperatur.

Oft hatten die Familien in den 60er Jahren noch ein Stück Land oder einen Garten. Teilweise war noch Selbstversorgung angesagt: Frühkartoffeln, Stangenbohnen, Salat, Obst ... wurden selbst angebaut. Mit dem Spaten musste der Boden vor dem Anbau umgegraben werden. (Vorlage: Herkules Verlag)

Selbstversorgung, um Geld zu sparen

Die weitest mögliche **Selbstversorgung** aus eigenem Gartenanbau half sparen, denn dadurch reduzierten sich die Einkäufe erheblich. Die Kinder tranken vorwiegend Milch, Wasser und verdünnten Sirup. Selten gab es mal einen süßen Sprudel. Das Mineralwasser hieß noch saurer Sprudel und war nicht sonderlich beliebt.

Vater genehmigte sich ein Bier, Frauen und Kinder tranken Cola

Draußen und drinnen

Sonntagsausflug und Metallbaukasten

Bei angenehmem Wetter waren **Sonntagsausflüge** obligatorisch, aber erst nach Kirchgang und Mittagessen. Oft fanden Verwandtenbesuche statt, je nach Vorliebe der Eltern auch ausgedehntere Wanderungen oder Spaziergänge in die nähere Umgebung. Nicht immer unbedingt zur Freude der Kinder. Bei der abschließenden Einkehr durfte man sich **Libella**, **Bluna**, **Sinalco** oder **Cola** bestellen, manchmal sogar eine Eismeringe oder einfach eine Portion Eis. Das hob natürlich sofort die Stimmung.

Vater wagte es auch schon mal beim Sonntagsausflug, den Kinderwagen zu schieben. (Vorlage: Herkules Verlag)

Zu Hause betätigten sich viele als kleine Baumeister mit **Lego** und Metallbaukästen von **Märklin** oder **Trix**. Ganz Glückliche durften sich eine **Modelleisenbahnanlage** mit ihrem Vater teilen. Die Mädchen beschäftigten sich mit ihren **Puppen**, mit **Puppenstube** und **Kaufladen**, die Jungen belagerten eine Ritterburg aus Sperrholz mit den

Sonntagsausflug in die Berge mit Verwandtschaft, 1955. (Vorlage: Günther Klugermann)

Puppen waren wie eh und je ein bevorzugtes Spielzeug der Mädchen. (Vorlage: Reek)

toll bemalten, aber teuren **Elastolin-Figuren**, oder doch lieber mit Rittern aus Gummi, die nicht so zerbrechlich waren. Der Steifftierzoo vergrößerte sich zusehends.

In den Städten wurden Spielplätze gebaut, um die Kinder von den immer dichter befahrenen Straßen fernzuhalten. Doch was brauchte es diese wenig attraktiven Gehege, es gab schließlich ringsum immer noch reichlich Trümmergrundstücke, und das Verbot, sich dort aufzuhalten, machte sie umso interessanter. Wald und Feld waren selbst zu Fuß noch erreichbar, ehe sie in den 60er Jahren den Neubausiedlungen weichen mussten und die Stadtgrenzen in weite Ferne rückten.

Der Traum vom eigenen Moped ... (Vorlage: Reek)

Außer Rand und Band

Die Halbstarken mischen auf

Schon in den späten 50er Jahren, bis hinein in die 60er, äußerten sich Jugendliche mit Auflehnung gegen das noch aus Vorkriegszeiten Etablierte der Erwachsenenwelt.

Als kleiner Steppke war man schon beeindruckt von den einige Jahre älteren Jugendlichen, die meisten zwischen 16 und 18 Jahre alt, welche die Erwachsenen mit einem geringschätzigen Unterton als **„Halbstarke"** bezeichneten. Schon allein dieser Umstand hätte sie interessant gemacht, aber dann boten sie ja wirklich einiges, für das sich der heimliche Bewunderer begeistern konnte:

Da waren die lauten Mopeds und vereinzelte so genannte Kleinkrafträder, mit denen sie die Straße hoch und runter röhrten und deren Motore sie natürlich weiterlaufen ließen, wenn sie sich an der Ecke im Pulk trafen. Mit der typischen Auf- und-ab-Bewegung des rechten Handgelenks wurde im Leerlauf immer mal wieder Gas gegeben an den **Kreidler-Floretts** (das war eins der ersten Kleinkrafträder, für die man den speziellen „Führerschein vier" brauchte, da sie 80 Stundenkilometer

Höchstgeschwindigkeit fuhren), **Herkules'**, **Zündapps**, **Puchs** und wie sie noch alle hießen. Man durfte sie in der Regel mit einem „Moped-Führerschein" fahren. Die meisten Maschinchen waren natürlich „frisiert", was soviel hieß, wie dass sie schneller fuhren, als sie eigentlich durften (45 Stundenkilometer waren erlaubt). Man durfte sich nicht erwischen lassen, sonst war der Führerschein vorläufig weg. Schneller wurden die Gefährte zunächst schon mal, wenn der Schalldämpfer im Auspuff ausgebaut wurde. Das taten natürlich viele, und der Lärm war dann entsprechend.

Wenn dann die Anwohner entnervt aus dem Fenster brüllten, sie sollten doch endlich ihre „Scheißkisten" abstellen, dann hob das Gejohle und Gasgeben oft erst recht an. Das Auftauchen eines Polizeiwagens brachte mitunter die Stimmung so richtig auf den Höhepunkt.

Nietenhosen mit Kamm

Besonders fielen die auf, die enge Nietenhosen (welche erst später allgemein als Blue Jeans betitelt wurden), manchmal unten umgestülpt, und schwarze Lederjacken trugen. Das waren wohl so was wie die Anführer. Einige hatten das – oft farbige – Hemd einen Knopf weiter geöffnet, als gemeinhin üblich und sittlich vertretbar war. Andere trugen buntgestreifte Rollkragenpullover. Die etwas längeren, dank **Brisk** oder **Nivea-Creme** fett glänzenden Haare, waren streng nach hinten gekämmt und eine so genannte **Elvis-Tolle** pappte bei einigen über der Stirn, andere hatten nur eine leichte Welle hinbekommen. Als wichtiges Accessoire galt der beinahe gefährlich aussehende Metallkamm, der eigentlich ständig im Einsatz war. Wie das Schwert aus der Scheide wurde der aus der Gesäßtasche herausgezogen und mit elegantem Schwung zum Kopf geführt, wo die andere, unbewehrte Hand unterstützend mithalf.

Hauptsache lässig

Manche hatten eine Kippe zwischen zwei Fingern oder im Mundwinkel hängen, und wenn sie nur noch ein Stummel war, landete sie, in hohem Bogen weggeschnipst, irgendwo im Gelände. In der amerikanischen Zone waren Kaugummis verbreiteter als sonst wo. So ein klebriges Ding im Mund hin und her zu schieben und mit möglichst ausführlichen, betont langsamen Kaubewegungen und sich rhythmisch öffnendem Mund permanent zu bearbeiten, das gehörte ebenfalls zur Pflichtübung.

Gelegentlich hielten sich ein oder mehrere Mädchen – zu diesem Zeitpunkt noch **Backfische** genannt – im Kreis der Halbstarken auf, aber meistens pfiffen die nur hinter solchen her oder machten blöde Sprüche, wenn sie ihrer ansichtig wurden. Es kam auch schon mal vor, dass eine **„Soziusmieze"** im weiten Kleid auf dem Moped hinten drauf mitfuhr. Die hatte dann, wie im Damensattel, beide Beine auf einer Seite runterhängen.

Mann, das kam alles so unendlich lässig – und den Mädchen hat's schwer imponiert und den kleineren Jungs ebenso.

Denn sie wissen nicht was sie tun ...

Zwischen 1956 und 1958 kam es – vor allem in Berlin und in Nordrhein-Westfalen – zu den so genannten Halbstarken-Krawallen. Auslöser waren oft Filmvorführungen, wie von „Außer Rand und Band – Rock around the clock" oder „Die Halbstarken" (beide 1956) mit Horst Buchholz und Karin Baal, nach denen es auf der Straße rund ging, oder Konzerte mit Rock 'n' Rollern, wie z.B. Bill Haley in Essen und Berlin (1958), die mit der Zertrümmerung des Saalmobiliars und Schlägereien endeten.

In Berlin-Kreuzberg gab es eine Clique, die sich bei einem so genannten Zoo-Spiel vergnügte. Dazu griffen sich die Jugendlichen vorbeikommende Erwachsene, bevorzugt „Autoritätspersonen" wie Polizisten, Lehrer oder Schaffner und hievten sie über Zäune oder sonstige Absperrungen in Areale, die sie nicht aus eigener Kraft verlassen konnten. Dann stellte sich die Bande vor ihnen auf und machte sich lustig über die eingesperrten Erwachsenen, als ob es Affen im Käfig des Zoos wären.

Also, da gingen so wirklich heftige Dinge ab. Das war zum Teil Rowdytum erster Güte und meistens respektlos gegenüber allem und jedem. Immer wieder blockierten größere Gruppen, bestehend aus mehreren Hundert Jugendlichen, zunächst den Verkehr und zogen anschließend grölend und pfeifend durch die Straßen und provozierten Passanten ebenso wie die Polizei.

Bei solchen Aktionen kam es auch zu Knüppeleinsätzen der Polizei mit Verletzten und Festnahmen. Die Presse – allen voran natürlich die BILD-Zeitung – stürzte sich auf das Thema und bauschte das Ganze übertrieben auf, obwohl es nur in einzelnen größeren Städten zu massiven Auftritten der Halbstarken gekommen war.

Schule verändert sich

Prügelstrafe wird tabuisiert

Zum Schulbeginn an Ostern gab's inzwischen überall eine große Tüte mit Süßem und Nützlichem. Wer Glück hatte, in eine neu gebaute Schule zu kommen, kam in den Genuss von Einzeltischen und -stühlen. In wieder hergerichteten älteren Schulen musste man sich noch eine Weile in die alten, engen Bänke zwängen. Die Lehrerpulte waren aber von den Podesten gehoben worden.

In den Volksschulen zählte die körperliche Bestrafung anfangs noch zum Normalfall. Vor allem die so genannten Tatzen erfreuten sich zunächst unvermindert großer Beliebtheit bei manchen Lehrern. Zum Glück führten frisch ausgebildete Lehrkräfte zunehmend andere Methoden ein. Da gab's dann auch mal als Belohnung für ein paar „Du-warst-fleißig-Stempel" ein Bildkärtchen.

Der erste Schultag 1956: mit der üblichen Zuckertüte (Vorlage: Günther Klugermann)

Schulklasse 1956 zur Einschulung (Vorlage: Reek)

Am Kiosk gab es auch die neuen Helden zu kaufen. Doch natürlich wurden die Hefte vor allem kräftig getauscht. (Vorlage: Margot Winkler)

Die neuen Helden: Sigurd, Akim ...

Und als die Kleinen dann erst mal Lesen gelernt hatten, gab es für viele kein Halten mehr. Lesen war angesagt. Aber zunächst kursierten unter den Klassenkameraden die **„Heinerle"-Sammelkarten** mit Sportlerbildern. Nach Spielwarengeschäften standen Kioske im Ansehen ganz oben. Dort gab es allerlei Süßigkeiten für ein paar Pfennig, Wundertüten mit **Afrika-, Karl-May- oder Zirkusfiguren**, die Streifenheftchen und bald darauf die Großbände mit Bildergeschichten von unsterblichen Helden wie **Sigurd**, **Akim**, **Nick**, **Falk** und **Tibor**.

Es war die Gnade der später Geborenen, dass schließlich in den Schulen – zumindest in der Regel – nicht mehr geschlagen wurde. In den 70er Jahren stand dann die oft falsch verstandene „antiautoritäre" Erziehung hoch im Kurs bei jungen Eltern. Zumindest kam in viele Familien ein frischer Wind auf in Fragen der Erziehung. Und in den Schulen veränderte sich ohnehin einiges durch die neue Lehrergeneration. Schläge, unter denen Generationen von Kindern gelitten hatten, waren nun verpönt.

Aufbruch mit Musik

Lange Haare, kurze Röcke

Ganz anders als das eher aggressive Verhalten der so genannten „Halbstarken" war dann das Aufbegehren der Jugend Ende der 60er. Ausgelöst durch die Studentenbewegung in den Großstätten traten in allen gesellschaftlichen Bereichen – insbesondere natürlich die Jugend betreffend – bis weit in die 70er Jahre hinein wesentliche Veränderungen ein. Die Musik, zunächst der **Beatles** und der **Rolling Stones**, traf mit dem Ungestüm der aufblühenden Jugend zusammen. Die häuslichen Kämpfe nahmen zu und nach anfänglichen Niederlagen mehrten sich die Siege. Die Haare schlichen sich langsam über Ohren und Kragen der Jungen und verhängten ihre Stirn. Schlaghosen mit Schlitz, Falten und Kettchen, mit kleinen oder großen Karos, bunte Hemden mit breiten Kragen und Beatstiefel gehörten zur Feinausstattung. Das **Transistorradio** wurde zum häufigen Wegbegleiter. Zu Hause ermöglichten die ersten **Spulentonbänder** eine schnelle und kostengünstige Verbreiterung des Musikangebots.

„Schon wieder so 'n Beatle", meinten die Leute bei seinem Anblick, 1966. (Vorlage: Albert Mergelsberg)

Die Mädchen trennten sich im Gegenzug von ihren langen Haaren, bauschten das Verbliebene mit **Nadelstiel-Toupierkamm** und Spray auf, vergrößerten ihre Augen mit Lidstrich und -schatten und zeigten mit ihren immer kürzer werdenden **Miniröcken** atemberaubend viel Bein. Im Schwimmbad gab's auch immer mehr zu sehen, nach-

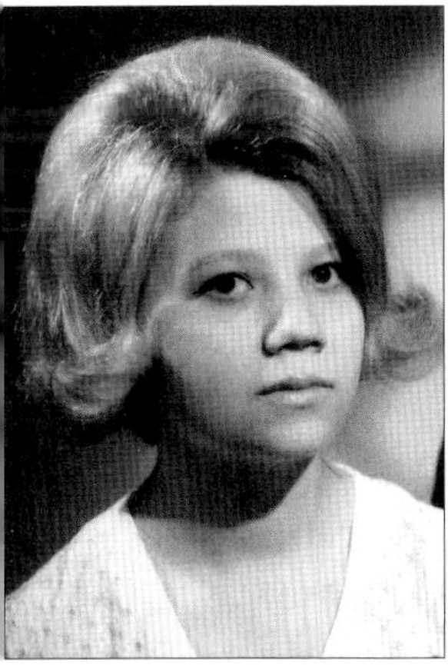

Gestylte Haare: Recht brav sah sie noch aus 1968. (Vorlage: Herkules Verlag)

Die Röcke wurden immer kürzer.

dem sich der **Bikini** endgültig durchgesetzt hatte.

Lidstrich und Lidschatten gehörten jetzt zum ordentlichen Outfit einer jungen Frau. Und der Begleiter hatte die Haare mindestens bis zum Hemdkragen. (Vorlage: Günther Klugermann)

Die so genannten Gammler mit ihren besonders langen Haaren, in abgewetzten Jeans und langem Parka und betont zur Schau gestelltem Nichtstun, waren zunächst der Gipfelpunkt an Provokation, zogen dementsprechend auch reichlich Aggression auf sich und hatten trotzdem stille Bewunderer. Auch wenn diese im dunklen Anzug brav zur Tanzstunde marschierten.

Wenig später wurde die Kleidung, zunächst in der alternativen Szene, verspielter, bunter, orientierte sich an indischen Vorgaben. Die Träger nannten sich Hippies oder Blumenkinder, begeisterten sich für Räucherstäbchen und Haschtüten, aber für nicht viel mehr.

Als die ersten Studenten mit Transparenten durch die Straßen zogen, fühlten sich viele noch hin- und hergerissen

Friedlich waren sie, die Blumenkinder. (Vorlage: Herkules Verlag)

zwischen Zustimmung zur elterlichen Meinung und Sympathie für die Demonstranten. Als es aber dann um die Verteuerung von öffentlichen Verkehrsmitteln ging, war die Betroffenheit unmittelbar. Zum ersten Mal ging es an den eigenen Geldbeutel, und der war bei Schülern – noch mehr als bei Lehrlingen – knapp bestückt. Alles andere war zweitrangig und verstand sowieso keiner. Die Fortsetzung des kindlichen Räuber-und-Gendarm-Spiels mit den Polizisten und den Wasserwerfern hatte natürlich seinen besonderen Reiz.

Es machte sich eine Aufbruchstimmung im Land breit. Die Jugendlichen und jungen Erwachsenen begannen eigene Wege zu beschreiten, um ihre persönlichen Ziele zu verfolgen. Es war Bewegung ins Leben gekommen.

Demos in den 70er Jahren – gegen Atomkraftwerke ... und, und, und ...

Mit diesem Film wurde „Rock around the clock“ erst richtig bekannt.

Unter fremden & einheimischen Sternen

Der kurze Sommer des Rock ’n’ Roll

Den Ältesten der 50er Jahre Generation dudelte noch überwiegend Volks- oder Marschmusik in die Wiege – so ziemlich grundsätzlich in Haushalten, in denen noch die Großeltern mitwohnten. Im gehobeneren Bürgertum gab’s eher Klassik zu hören. Dazwischen schoben sich, je nach Vorliebe der Eltern, vereinzelte deutsche Schlager.

Gegen Ende des Jahrzehnts, als die Ersten bereits ein paar Klassenstufen in der Volksschule erklommen hatten, kamen verstärkt außerhäusliche Einflüsse zum Tragen. Dabei drang auch die Kenntnis von Musikrichtungen ins Ohr, die in heimischer Umgebung strikt ausgeblendet waren. Obwohl der Rock ’n‘ Roll bereits über einen Teil der Welt tobte, gelang es den Erwachsenen hierzulande ziemlich erfolgreich, wenigstens vorläufig das vom Ausland hereinschwappende „Böse“ von unschuldigen Kinderseelen fernzuhalten. Es war ja schlimm genug, dass bereits infizierte Jugendliche aus dem Griff gerieten.

Man war schließlich vorgewarnt, die Presse hatte sich ausführlich genug über das Phänomen ausgebreitet und konnte das Übel auch personell dingfest machen. Man sah in dem „Jugendverderber“ und „Radaumusiker“ **Bill Haley** die Ursache für zertrümmerte Konzertsäle und Straßenaufruhr.

Der amerikanische Rock 'n' Roll Musiker brachte als erster die unerhörte **„Negermusik“** auf deutsche Bühnen und jugendliche Fans zur Wallung. Dabei bargen die Anschuldigungen einen Doppelwitz in sich: Zum Ersten war der neben Elvis Presley bis dahin bekannteste Vertreter der neuen Entwicklung wie jener ein Weißer, und zum Zweiten repräsentierte Bill Haley alles andere als den wildgewordenen Aufrührer. Bei seinen Auftritten in Deutschland war der in Anzug und Fliege gekleidete, leicht übergewichtige Gitarrist und Sänger bereits über 30 Jahre alt und damit für Jugendliche schon längst nicht mehr als Idol tauglich. Er war eher vom Typ seriöser Familienvater, der halt mal einen draufmacht. Sein Markenzeichen, die in die Stirn hängende Schmalzlocke, wirkte da wie ein verwegenes Symbol einer nach außen gekehrten, dabei eher aufgesetzten und jederzeit reversiblen Unangepasstheit.

Trotz aller – bei den Jüngsten wohl auch erfolgreichen – Versuche, die verfemte weiße „Negermusik“ von deutschen Ohren fernzuhalten, wurde „**Rock around the clock**“ von Bill Haley & seinen Comets zum ersten ausländischen Superhit im Land nach dem Krieg. Dessen Erfolg konnte bis dahin nicht einmal Elvis übertreffen.

Bananenschiff und „Negeraufstand“

1957 gelang es einem weiteren Ausländer die Deutschen zu begeistern – freilich mit wesentlich gemäßigteren Tönen. Obwohl der Sänger Harry Belafonte eine dunklere Hautfarbe hatte, kam anscheinend niemand auf die Idee, sein Lied von den Bananenverladern als „Negermusik“ herabzuwürdigen. Jedenfalls ergoss sich der „Bananaboat-Song“ relativ ungehindert breitflächig über's Land. Woran lag's? Vielleicht, dass man das „Däääääää-oooh“ so schön mitgrölen konnte, oder, dass der leicht schwingende, calypso-angehauchte Song die Unbeschwertheit eines Traumurlaubs in der Hängematte unter karibischen Palmen suggerierte?
Kaum jemand verstand ja den Sinn des Textes vom „Bananaboat-Song“, der – ein traditionelles Lied der Hafenarbeiter in Jamaika, welche die schweren Bananentrauben auf Schiffe verluden – alles andere als Ferienstimmung vermittelte.
Selbst der kleine Volksschüler konnte sich schnell einen Teil des Textes einprägen: „Kamm misda dalimann, dali mi banana ...“ und das hörte sich dann schon beinahe an wie der Refrain der Hymne, die sich unzählige Schulklassen gaben: „Umba umbarassa, umba umbarassa, umba he-o-he-o-ho“ und unzählige Pfadfinder und Jungschärler sangen am Lagerfeuer ebenfalls schamlos vom Negeraufstand in Kuba.

Rock 'n' Roll ist tot

Der Dampf war abgelassen

Von den genannten Ausreißern einmal abgesehen, behielten deutschsprachige Sängerinnen und Sänger den Markt populärer Musik bis zum Ende der 50er Jahre und noch ein gutes Stück darüber hinaus fest im Griff. Neben den inländischen Abwehrmechanismen waren unterschiedliche, im Ursprungsland des Rock 'n' Roll begründete, widrige Umstände der Fortexistenz der ersten revolutionären Musikperiode über das Jahrzehnt hinaus nicht eben förderlich. Dazu gehörte der Unfalltod von **Buddy Holly**, **Big Bopper** und **Ritchie Valens**, die im Februar 1959 gemeinsam mit einem Flugzeug abstürzten und die 1958 erfolgte Einberufung von **Elvis Presley** zum Militärdienst – ironischerweise zu den amerikanischen Truppen nach Deutschland, wo er aber als Musiker nicht auftreten durfte. Doch damit nicht genug, wandte sich **Little Richard** der Religion zu, fuhr **Chuck Berry** Anfang der 60er Jahre für eine Weile in den Knast ein und **Jerry Lee Lewis**, der nicht nur am Klavier, sondern auch privat gern den wilden Mann gab, musste sich 1958 vorübergehend von der Bühne verabschieden, als in der Öffentlichkeit ruchbar wurde, dass er seine 13-jährige Cousine geheiratet hatte.

Die scheidenden Rocker überließen in den USA das Feld nun völlig den Schwiegermutter- und Mädchenschwärmen, den netten, auf brav gestylten Jungs und Mädels von nebenan, die so harmlose, herzergreifende Liedchen sangen. Der Dampf war abgelassen, aber zugegebenermaßen wurden ein paar wunderschöne Schnulzen produziert.

Uns' Freddy ist der Größte

In Westdeutschland war bis dato eigentlich nie etwas anderes tonangebend gewesen. Die wichtigsten Interpreten waren in abwechselnder Gewichtung die „Altstars" **Vico Torriani** und **Peter Alexander**, dann die gleichaltrigen **Caterina Valente** und **Lolita** sowie **Margot Eskens** und der Kinder- bzw. spätere Teenagerstar, die „Göre" **Conny Froboess**.

Der gerade 17-jährige **Peter Kraus** sollte nach dem Willen der Plattenindustrie den Rock 'n' Roll made in Germany

Anfang der 60er: Ein junger Fan mit Freddy und Ted Herold

vertreten, driftete ziemlich schnell in seichtere Gewässer ab, kam aber dennoch oder gerade deshalb als Teenageridol gut an. Den Titel eines Rockers mochte ihm jedoch niemand ernsthaft zuerkennen. Sein etwas jüngerer Kollege und Konkurrent mit dem Künstlernamen **Ted Herold** trat etwas markanter auf. Sein Titel „Ich bin ein Mann", den er 1959 als 17-Jähriger sang, wirbelte in der überaus prüden Adenauer-Ära einigen Staub auf und wurde sogar von deutschen Radiosendern boykottiert. Trotzdem sah er im Vergleich zu den amerikanischen Rockern ebenfalls ziemlich blass aus.

Der Größte in der Publikumsgunst war unangefochten der geborene Wiener **Freddy Quinn** mit dem Hang zu Meer und Ferne. Seit 1956 mit auf den vordersten Plätzen der am meisten verkauften Schallplatten, steigerte er sich noch mit den Schlagern „Die Gitarre und das Meer" und „Unter fremden Sternen" (beide 1959), „La Paloma" (1961) und „Junge, komm bald wieder" (1962).

Das waren in vielen Fällen die ersten schwarzen Scheiben, die zu Hause, offiziell gerade noch akzeptiert, auf dem ersten eigenen Kofferplattenspieler von Philips, Quelle oder Telefunken laufen durften. Das waren die Dinger mit Geschwindigkeiten von wahlweise 16, 33, 45 und 78 Umdrehungen pro Minute sowie mit oder ohne eingebautem Lautsprecher. Es gab Modelle, die über einen Zehnplattenwechsler verfügten. Der bestand aus einem Metallstift, den man in das Mittelloch im Plattenteller einführen musste und auf den dann beispielsweise die Singles aufgesteckt wurden. Nach vollendetem Abspielen der ersten Scheibe krachten nacheinander die übrigen herunter. Für den pingeligen Plattensammler war das auf Dauer natürlich nicht erträglich.

Die 50er-Jahre-Generation berührte derlei Entwicklungen wenig. Eher zufällig oder über ältere Geschwister bzw. sonstige Verwandte begegneten sie hin und wieder einer Melodie, einem Lied außerhalb der sattsam bekannten, landesüblichen Gattung. Aber es war nicht mehr als ein kaum wahrgenommenes Vorüberwehen, die Seele sah sich zu einem Zugriff noch nicht veranlasst.

Die populärer Musik zugeneigten Kinder ließen sich nach wie vor eher vom marktbeherrschenden deutschsprachigen Liedgut vereinnahmen. Noch ahnte keines die bevorstehenden Wandlungen.

Plattenhülle von Mina, 1962

Das Ende der „Dorfmusik“

Vom Rock ’n’ Roll-Club zum Beat-Mekka: der Star-Club

Ausgerechnet dort, wo ein Hans Albers oder ein Freddy ihren Heimathafen am liebsten verortet hatten, im Herzen von St. Pauli, öffnete Ende 1959 der „**Kaiserkeller**“ seine Pforten als Rock ’n’ Roll-Club mit Live-Musik. Junge Musiker in Lederjacken und mit Pomade im Haar ließen es durch 30-Watt-Verstärker krachen.

Hier und in weiteren Lokalitäten, die sich nach und nach auftaten, traten damals noch unbekannte englische Gruppen wie **Tony Sheridan** mit Band und **Gerry & the Pacemakers** auf, welche in erster Linie die Stücke der großen Rocker nachspielten.

Das Problem bestand darin, dass die Läden irgendwie auf der Stelle traten, weil sie durchweg zu klein waren, um bekanntere Leute vor einem zahlenmäßig größeren Publikum auftreten lassen zu können.

Dann löste sich das Problem schlagartig mit einer auf Plakaten mit den Worten „Die Not hat ein Ende! Die Zeit der Dorfmusik ist vorbei!“ angekündigten Neueröffnung am 13. April 1962. Unter der Adresse **„Hamburg-St. Pauli, Große Freiheit 39“** war fortan der **Star-Club** zu finden, ein Lokal, das Rockmusikgeschichte schreiben sollte.

Mancher Interessierte ließ sich erst einmal von einem Besuch abhalten, weil es hieß, dort würden nur gewalttätige Rocker hingehen. Tatsächlich waren die Leute aber auch nicht anders angezogen, als die Besucher eines Tanzcafés. Die Jungen trugen Anzüge und Krawatten auf den weißen Nyltesthemden. Wenn einer dazu Cowboystiefel anhatte, dann kam das schon besonders progressiv rüber. Die Bude war täglich gerammelt voll. Das war einfach das subkulturelle Ereignis, das sich so sehr von den sonstigen Angeboten im Freizeitbereich unterschied und das sich wie eine Insel der Freiheit aus einem Meer voller Autoritäten, Vorschriften und Verboten hervorhob. Hier konnte man sich dem hingeben, was Spaß machte, auf das man die halbe Woche gehungert hatte, und das außerhalb unterdrückt und bekämpft wurde.

Die Brücke am Kwai und Tom Dooley am Galgen

Das Mitsingen-Können war schon ein maßgebliches Kriterium für den Erfolg einer ausländischen Produktion in Westdeutschland zu jener Zeit. Ersatzweise durfte es auch einmal Mitpfeifen sein, wie beim „**River-Kwai-Marsch**", den die Big Band von **Mitch Miller** im Frühjahr 1958 über den großen Teich trug.
Noch im selben Jahr griff eine eigentlich rührselige Western-Schnulze um sich. Ursprünglich intonierte das amerikanische **Kingston Trio** die Ballade von „**Tom Dooley**", aber das haute mit dem Mitsingen nicht so richtig hin. Zum Glück präsentierten kurz darauf die **Nilson Brothers** eine deutsche Version des Hits. Da die Übertragung des Textes meist nur von Mund zu Ohr erfolgte und dies wiederholt, blieb letztendlich eine verstümmelte, umgebildete Kurzversion hängen, die sich weder reimte noch viel mit dem Vorbild gemein hatte.
Der Sachlage unangemessen fröhlich krähte es dann aus jungen Kehlen unentwegt von Schulhöfen und Heimwegen:
„Alles vorbei, Tom Dooley,
morgen schon bist du tot,
trinke noch einen Whiskey,
denn es wird dein letzter sein".

Star-Club bis 1970 – Beatkeller zu Discos

Konservenmusik war nun angesagt

Im Star-Club gaben sich schon in der Anfangszeit die wirklich großen Stars die Klinke in die Hand: **Gene Vincent**, **Little Richard**, **Jerry Lee Lewis**, **Everly Brothers**, **Bo Diddley**, **Joey Dee & the Starliters**, **Ray Charles**, um nur ein paar wenige zu nennen. Für andere wurde die Bühne des Clubs das Sprungbrett zum Weltruhm. Nicht zuletzt für die **Beatles**, die dort bereits Triumphe feierten und die während eines Gastspiels die Nachricht erreichte, dass die Plattenfirma EMI mit ihnen erste Aufnahmen machen wolle.

Die berühmtesten Vertreter der Beatmusik und verwandter Stilrichtungen der 60er Jahre packten im Star-Club ihre Instrumente aus. **Eric Burdon & the New Animals**, **Manfred Mann**, **Small Faces** und **Pretty Things** fehlten ebenso wenig wie die **Searchers**, **Spencer Davis Group** oder die späteren Supergruppen **Cream** und **Jimi Hendrix Experience**. Einem Teil der 50er-Jahre-Generation war es noch eine Weile vergönnt,

Der Star-Club brachte auch eine eigene Zeitschrift heraus; hier die Nr. 12 vom Dezember 1965.

den Star-Club persönlich kennen zu lernen, auch wenn der Zutritt offiziell erst ab 16 Jahren gestattet war und die unter 18-Jährigen nach dem ersten Bandauftritt um 22 Uhr das Lokal hätten verlassen müssen. Da halfen manchmal eine gewagte Brisk-Tolle über dem Konfirmandenanzug oder Stöckelschuhe, Lippenstift und hochtoupierte Bienenkorbfrisur dazu, um rasch mal ein paar Jahre zu altern.

Wem es aus Altersgründen oder wegen der geographischen Entfernung nie gelang, dem legendären Beat-Mekka einen Besuch abzustatten, der konnte sich vielleicht damit trösten, einige der Bühnenstars wenigstens auf dem clubeigenen Plattenlabel anhören zu können.

Mit den 60er Jahren ging auch die Ära der kleineren Clubs mit Live-Auftritten zu Ende. Die Gastspiele der ehemals unbekannten Bands fanden längst in großen Hallen oder Stadien statt. Der Trend ging zur Konservenmusik, die billiger zu haben war. Wer also seinen Club nicht in eine Diskothek umwandeln wollte oder konnte, musste früher oder später schließen. Dies tat der Star-Club am 1. Januar 1970.

In den knapp acht Jahren seines Bestehens traten Hunderte verschiedener Bands im Star-Club auf. Die Liste liest sich streckenweise wie das alphabetische Register eines Rock-Lexikons.

Die frühen Beatles im Top Ten Club in Hamburg, 1961.

Beatles oder Rolling Stones? – Das war zunächst die Frage

Frühlingserwachen mit Beat

Der Rock 'n' Roll war schon tot, ehe er von der Masse der potentiellen Fans in Westdeutschland in vollem Umfang überhaupt wahrgenommen werden konnte. Den **Beatles** wurde nachgesagt, sie hätten 1968 mit ihrem Titel „**Lady Madonna**" den entscheidenden Anstoß zum Revival des Rock 'n' Roll gegeben. Ohne diese „Wiederbelebung" wären viele der alten Haudegen der Masse diesseits des Atlantiks vielleicht nie bekannt geworden und vor allem nicht der älteren 50er-Jahre- Generation. Beispielsweise wurde „**Summertime blues**" von **Eddie Cochran** in Westdeutschland 1968 erstmals richtig wahrgenommen.

Aber vor den Älteren erreichten die Jüngeren den Durchbruch. Selbst schärfste Abschirmtechniken und härteste Verbote seitens der Erwachsenen konnten auf Dauer nicht mehr verhindern, dass sich das durchsetzte, was ein Großteil der jüngeren Generation wollte: Ihre eigene Musik ohne jegliche Bevormundung zu hören.

Im Frühling 1964 trugen milde Lüftchen, vielleicht zum ersten Mal vernommene, ungewöhnliche Klänge an völlig unvorbereitete Kinderohren, die zunächst erstaunt, dann ergriffen und zuletzt entzückt lauschten. Das kam einer Offenbarung gleich, ähnlich der berühmten Szene in Stanley Kubricks Meisterwerk „2001 – Odyssee im Weltraum" von 1968, als der Urmensch einen Knochen als Schlagwaffe erkannte. Als ob man schon immer auf etwas gewartet hätte, das nun tatsächlich eintrat. Dabei war man sich aber weder des Wartens bewusst gewesen, noch hatte man von der Existenz dieses „Etwas" eine Ahnung gehabt.

Die Wirkung verankerte sich tief im Innern – unauslöschlich. Fortan bildete es kein Problem, Mittel und Wege zu finden, um weitere Zugänge zu eröffnen und sich den so intensiv empfundenen Klängen anzunähern. Von allen Seiten strömte die neue Musikrichtung auf die Jugendlichen ein und fand mehr Anhänger als jeder andere Stil zuvor. Je höher die Wellen der Empörung bei den Erwachsenen schlugen, desto mehr festigte sich die Überzeugung, das „Richtige" gefunden zu haben und die Bereitschaft, dies mit allen zur Verfügung stehenden Mitteln zu verteidigen und durchzusetzen.

Für viele mögen die **Beatles** der Einstieg gewesen sein, einfach deshalb, weil sie einen unglaublichen Bekanntheitsgrad erreichten und ihre Lieder selbst in den entlegensten Winkel der Republik vordrangen. Mit zunehmendem Einblick in die Szene differenzierte sich dann die Fangemeinde. Diejenigen, die weiterhin die Beatles für die Größten hielten, galten eher als „Weicheier", zumal sich die Gruppe bald vom Rocker-Image verabschiedete. Die „Härteren" wandten sich eher Bands wie den **Rolling Stones**, **Animals** oder **Pretty Things** zu.

Musik hören im Plattengeschäft

Die Quellenlage blieb noch für einige Zeit äußerst kritisch. Wer nicht über die erforderliche Ausrüstung, sprich: Abspielgeräte, verfügte und sich nicht eines toleranten Elternhauses erfreuen durfte, hatte unverändert große Probleme, seiner Leidenschaft zu frönen. Doch Not macht bekanntlich erfinderisch. Und so lud man sich beispielsweise eben öfter bei privilegierten Schulkameraden ein.

Musik hören auf dem eigenen Plattenspieler. Nur zu laut durfte sie nicht sein – sonst gab's Ärger mit den Eltern.

In größeren Orten gab es Musikgeschäfte, die eine eigene Schallplattenabteilung unterhielten, wo man sich über Kopfhörer oder sogar in Hörkabinen die Neuerscheinungen vorspielen lassen konnte. Da war nach Schulschluss immer ein ziemliches Gedränge, und ganz Gewitzte nahmen in den Kabinen mit den ersten kleineren Tonbandgeräten, die auf den Markt kamen, über Mikrofon gleich die neusten Hits auf. Derweil hatte man sich natürlich jeder lauten Begeisterungsäußerung oder zweiten Stimme geflissentlich zu enthalten.

An dieser Stelle scheint es auch angebracht, endlich einmal den in der Regel älteren und zahlungskräftigeren Klassik- und Jazz-Freunden sowie den Schlagerliebhabern den allzu lange vorenthaltenen Dank dafür auszusprechen, dass sie mit ihren Käufen die Existenz solcher wertvoller Geschäfte absicherten und es damit den Beatfans ermöglichten, sich überwiegend ohne Kaufabsicht – meist mangels finanzieller Ausstattung – an den Angeboten kostenlos zu delektierten.

Abgrenzungen und Ärgernisse

Mit den Klassik- und Jazz-Hörern gab es eigentlich wenig Reibungspunkte. Sie lehnten zwar Beatmusik oft als primitiv ab, lebten ansonsten aber zufrieden in ihrer klar nach außen abgegrenzten Musikwelt. Mit den „Schlagerfuzzis" war das

BRAVO, die erste deutsche Zeitschrift, die sich auch mit Beat ernsthaft beschäftigte.

Auskommen schon etwas schwieriger. Irgendwie gerieten sie den Beatfans immer wieder ins Gehege. Sei es bei größeren Beatkonzerten mit mehreren Bands, bei denen die Veranstalter meinten, sie müssten unbedingt noch einen Schlagersänger dazwischen auftreten lassen, oder in **„BRAVO“**, dem ersten Druckerzeugnis, das die neue Bewegung nicht hämisch oder beschimpfend, sondern unterstützend behandelte, wo die Seiten aber noch voll waren mit Berichten über **Gitte & Rex Gildo**, **Bernd Spier**, **Manuela** usw.

Das Schlimmste für eingefleischte Anhänger der neuen Musikrichtung war aber, dass sich selbst auf den vordersten Hitparadenplätze in der **„Musikbox“** immer wieder Vertreterinnen und Vertreter des Schlagers breit machten. Ein junger Mann mit Künstlernamen **Roy Black** galt dabei als Inbegriff des Schnulzenkönigs. Seine im Zenit der Beatmusik erfolgreichen Titel „Du bist nicht allein“ (1965) und „Ganz in Weiß“ (1966) lösten, wann immer sie erklangen, jenseits der Schlagergemeinde teilweise befremdliche Reaktionen aus, wie lautes Schreien, panikartiges Davonlaufen und ähnliches.

Solange es nichts anderes gab, tröstete der Hinweis nur wenig, dass die BRAVO-Musikbox ja nun wirklich nicht gerade den Nabel der Welt repräsentierte.

Nicht alle Jazz-Hörer lehnten die Beatmusik ab.

Instrumentales Intermezzo

Viele begeisterten sich Anfang der 60er Jahre für amerikanische Instrumentalgruppen wie die **Champs** („Tequila", „Limbo Rock") oder **Johnny & the Hurricanes** („Red River Rock", „Rocking Goose"), die hierzulande als Insider-Tipp galten und deren Platten dementsprechend schwer zu erhalten waren.
Zum ersten Mal erregte auch eine Gruppe von den britischen Inseln die Aufmerksamkeit. Sie nannte sich **Shadows**, war die Begleitband von **Cliff Richard** und spielte überdies als eigenständige Formation Instrumentaltitel („Apache", „Kon Tiki").
Bald gründeten sich die ersten Schülerbands in der Republik und übernahmen die Stücke dieser Bands in ihr Repertoire.

Bildergeschichten für die Kleinen

Bilderbücher und Märchen

Die ersten Bücher, die kleine Kinder mit Interesse in die Hand nehmen, sind Bilderbücher. Die Zeichnungen regen die Phantasie an. Der beigegebene Text wird zur Nebensache, weil es zunächst ausreicht, eine eigene Geschichte zu entwerfen.

Die Kinder der 50er-Jahre-Generation wurden in erster Linie, wie die vorherigen Generationen auch, mit den klassischen Bilderbüchern „**Struwwelpeter**“, „**Max und Moritz**“, „**Der kleine Häwelmann**“, illustrierten Märchenbüchern der Brüder **Grimm**, von Hans Christian **Andersen**, und ein paar der Erzählungen aus **1001 Nacht** groß.

Mecki und Nick Knatterton

Doch dann brachten die Eltern Zeitschriften für sich nach Hause, die, gefüllt mit zahlreichen Fotos und Zeichnungen, auch für die Kinder Reizvolles bargen. So enthielt die „**Hörzu**“ Bildergeschichten, welche die Abenteuer vom Igelmann **Mecki** mit seinen Freunden Charly Pinguin und dem Schrat erzählten. Die Figur wurde schon früh umfassend vermarktet: Bereits vor dem Krieg erschienen Postkarten mit Mecki und dessen Frau **Micki**. 1951 brachte die für ihre Stofftiere berühmte Firma Steiff eine neue Mecki-Puppe auf den Markt. Ab 1952 erschienen jedes Jahr, rechtzeitig zum Weihnachtsgeschäft, die beliebten Mecki-Bücher.

Die Steiff-Puppen Micki und Mecki, ca. 1955

Von 1950 bis 1959 konnten die Leser der „**Quick**“, der größten Illustrierten der deutschen Nachkriegszeit, die gezeichneten Kriminalgeschichten um den Meisterdetektiv **Nick Knatterton** verfolgen. Seine Erkennungsmerkmale waren Hakennase und kantiges Kinn, Pfeife, karierte Mütze und ebensolche Knickerbocker. Eingeleitet mit dem Ausspruch **„Kombiniere"** löste er die kniffligsten Fälle mit einer ihm eigenen Vornehmheit sowie Spürsinn und Erfindungsgeist.

Nick Knatterton mit Hakennase und kantigem Kinn (Vorlage: Herkules Verlag)

Ursprünglich war der von Zeichner und Karikaturist Manfred Schmidt bereits in den 30er Jahren für eine Kriminalgroteske geschaffene Held als Überzeichnung der amerikanischen Superman-Comics gedacht. Der Name Nick Knatterton entstand aus der Verballhornung der schon seit dem deutschen Kaiserreich bekannten Romanheftfigur Nat Pinkerton, dem „König der Detective".

Die Absicht des Zeichners bestand darin, Comics lächerlich zu machen, denn Schmidt sah in ihnen „die unsinnigste und primitivste Erzählform, die möglich ist" und meinte, sie seien „für Analphabeten und Schwachsinnige". Dies zu demonstrieren dienten wohl die unüblichen, rechteckigen Textboxen, die per Pfeil auch dem schwerfälligsten Betrachter die Zuordnung erleichterten. Sie hatten meist eine ironische Überhöhung oder Kommentierung der Handlung zum Inhalt.

Entgegen der ursprünglichen Intention entwickelte sich die Figur jedoch zu einem gefragten Comic-Star, der sogar von der Werbeindustrie vereinnahmt wurde. In den Kriminalgeschichten verarbeitete Schmidt auch die damalige Filmwelt mit den italienischen Filmsternchen sowie die einsetzende Reisewelle der 50er Jahre. Desgleichen bekam die restaurative Bundespolitik ihr Fett ab. Insofern wurde der Comic zum Zeitspiegel.

Der Detektiv konnte auf so außergewöhnliche Hilfsmittel wie Werkzeugkasten in der Schuhsohle und Fallschirm im Hosenboden zurückgreifen. Er war sogar mit einem künstlichen Hinterkopf ausgestattet, aufgrund dessen hinterlistige Anschläge von Heckenschützen wirkungslos verpufften. Solcherlei Einfälle fand man erst wieder in den 60er Jahren in Filmen mit einem gewissen **Geheimagenten 007**. James Bond als Romanfigur erschien übrigens erstmals 1953 in dem Buch „Casino Royale" von Ian Fleming.

In der Kinderbeilage „**Sternchen**" der Zeitschrift „Stern" („Kinder haben Sternchen gern, Sternchen ist das Kind vom Stern") erschien ab Mitte 1953 die Bildergeschichte „**Jimmy, das Gummipferd**" (allerdings erst ab 1954 so benannt) mit seinem Reiter Julio von Roland Kohlsaat. Bis 1956 enthielt jedes Heft eine original in den Farben schwarz-rot colorierte abgeschlossene Geschichte. Danach breiteten sich die Abenteuer über viele Folgen aus, sodass man als Kind selten in den Genuss kam, eine Geschichte im Gesamtzusammenhang zu lesen.

Detektiv Schmidtchen

Von einer bundesweit verbreiteten Tageszeitung, die an Straßenecken, vor Fabriktoren, aber natürlich auch an den Kiosken verkauft wurde, behaupteten die Erwachsenen manchmal, dass man sie nicht schräg halten dürfe, weil sonst Blut herauslaufen würde.

In Stern, BILD-Zeitung ...

Ein Comic mit dem Titel „**Taró** – Abenteuer im Mato Grosso" war im „Sternchen" von 1959 bis 1968 zu verfolgen. Als die Serie anlief, gestaltete ihr Zeichner Franz-Werner Richter-Johnsen gleichzeitig „Detektiv Schmidtchen" für die BILD-Zeitung. Als „**Das Neue Blatt – Bunte Woche**", eines der Druckerzeugnisse, das sich selbst gern Frauen- oder Unterhaltungszeitschrift oder, zusammengefasst, unterhaltende Frauenzeitschrift nennt, von den Schweizern zutreffender als „Tratschheftli" bezeichnet, noch im Zeitungsformat erschien, da dachten die Macher wohl auch an Kinder unterschiedlichen Alters.
In einer Ausgabe vom Mai 1958 enthielt beispielsweise die Seite 9 zwei Streifen einer Bildergeschichte um das „**Phantom**" für die Größeren, während auf Seite 12 drei Streifen mit einer Episode von **Walt Disneys „Die drei kleinen Schweinchen"** für die Kleineren abgedruckt waren.

Aber vom Inhalt des „Revolverblatts“, wie sie auch genannt wurde, interessierte die Kinder lediglich ein unbedeutender Teil, nämlich die gezeichneten Bilderstreifen, die in den 50er und Anfang der 60er Jahre veröffentlicht wurden.

Die erste Ausgabe der **BILD-Zeitung**, von der hier die Rede ist, erschien am 24. Juni 1952 mit einer Auflage von 250 000 Exemplaren. 1964 lag die Auflage bei über vier Millionen und die erreichte Leserschaft noch weit darüber. Lange Jahre kostete sie nur zehn Pfennig und war daher auch für ärmere Haushalte erschwinglich.

Vor allem vier Serien von Bildergeschichten prägten sich der Erinnerung ein. Sie liefen zum Teil zeitgleich und waren dann untereinander platziert. Dabei handelte es sich um:

- Die Geschichte der Privatdetektivin „**Vera Moon**“, die um die Mitte der 50er Jahre erschien.

- Die Geschichten von Bundeskriminalamts-Kommissar Schmidt und seiner weißen Maus, genannt „**Detektiv Schmidtchen**“, nach der die Serie betitelt wurde. Sie lief von April 1954 bis März 1962.

Tim und Spud

„**Tim und Spud**, zwei Jungs unterwegs in Afrika“, basierte auf einer schon über 20 Jahre alten amerikanischen Serie mit dem Namen „Tim Tyler's Luck“. Die exotischen Abenteuer auf dem afrikanischen Kontinent ließen sich ab 1952 über mehrere Jahre hinweg verfolgen.
Ebenfalls schon 1952 startete die Science-Fiction-Reihe **„Spione von der anderen Erde“**. Die phantastische Geschichte vom Zwillingsplaneten der Erde, welcher in seiner technischen Entwicklung der Erde um Jahrhunderte voraus ist, war britischen Ursprungs und trug dort den Titel „Twin Earth“. Fast 2400 Tagesstreifen druckte die BILD-Zeitung bis Anfang Juni 1959 ab.

Tim und Spud mit Vorbildfunktion

Den Eltern war es oft lästig, den Vorschulkindern und auch noch den Erstklässlern den Text der Sprechblasen in den Bilderstreifen vorlesen zu müssen. Ihr Unmut und letztlich ihre Weigerung, den Inhalt der gezeichneten Geschichten mitzuteilen, waren sicher den Bemühungen um die Aneignung der gedruckten Sprache in einigen Fällen sehr förderlich.

Insbesondere die Geschichten um **Tim und Spud** übten wenigstens auf Jungen eine starke Anziehungskraft aus, genossen doch die beiden jugendlichen Helden eine gewisse Vorbildfunktion. So mussten auch Stofftiere, bevorzugt die größeren Teddybären, als Statisten für im Spiel nachgestellte Szenen herhalten. Sie wurden etwa mit dem umgedrehten Deckel einer runden Käseschachtel aus Pappe und darunter einem weißen, hinten bis auf den Rücken herabhängenden Tuch als Kopfbedeckung ausgestattet, was eine Fremdenlegionärsmütze mit Sonnenschutz darstellen sollte. Das alte Liegesofa, genannt „Schässlong", wurde zur großen Limousine umfunktioniert, mit der in rasender Fahrt die Verbrecherjagd durch die Wüste beginnen konnte.

Nostalgie auf Papier

Lesen statt fernsehen

Die meisten hatte das neue Medium **Fernsehen** bis gegen Ende der 50er/Anfang der 60er Jahre kaum gestreift, geschweige denn beschäftigt. Doch dann tauchte das Gerät in manchen Haushalten auf – in der Nachbarschaft, bei Schulfreunden oder schließlich auch in der eigenen Familie. Aber so lange blieb die **Lektüre** zunächst weiterhin konkurrenzlos die wichtigste Beschäftigungsart für trübe Tage, lange Abende und für Zeiten, in denen keinerlei Lust zu irgendetwas anderem vorhanden war.

Nicht selten geschah es dann, dass man ein Buch nicht mehr auf die Seite legen konnte, bevor es ausgelesen war und selbst das schönste Wetter nicht nach draußen zu locken vermochte. Nur elterliche Strenge oder unausweichliche Verpflichtungen konnten ein vorzeitiges Beiseitelegen erzwingen.

Die älteren der 50er-Jahre-Generation ließen um diese Zeit die Märchenbücher schon unbeachtet liegen und wandten sich zunehmend Literatur zu, die ihrer Altersgruppe angemessener erschien. Es fing alles ganz harmlos an mit Büchern über Natur und Tiere. Nicht selten bot **„Heidi“** von Johanna Spyri den Einstieg, ein Klassiker von 1880, den die Eltern noch in irgendeiner Ecke liegen hatten. Dort fand sich vielleicht auch **„Mario und die Tiere“** von Waldemar Bonsels, dem Erfinder der berühmt gewordenen **Biene Maja**. Das war ebenfalls ein Klassiker von 1927, der, wie viele andere auch, in den 50er Jahren wieder neu aufgelegt wurde. Aber nicht jeder konnte mit diesem Mario warm werden, das war teilweise schwer verdauliche Kost – jedenfalls für ziemlich junge Leser – und hatte außerdem über 200 Seiten.

Der Deutschlehrer empfahl ja immer die Erzählung von Peter Rosegger **„Als ich noch der Waldbauernbub war“**, doch der schilderte so unerträglich katholisch seine abgelegene Welt in einer abgelegenen Zeit (das Werk erschien 1900), dass von den wenigen, die sich überhaupt daran wagten, es kaum jemand schaffte, sich bis zum Ende durchzukämpfen.

Brave und wilde Mädchen

Die Mädchen griffen naturgemäß eher zu Büchern, in denen die Hauptpersonen ebenfalls Mädchen waren. Das fing etwa an mit der „**Rösel-Serie**“ von **Sophie Reinheimer** und den Titeln „Klein-Rösel“, „Rösels glückliche Zeit“ und „Rösel kommt zur Schule“. Gefolgt von **Greta Steffens**‘ „**Susi**“-Bänden und **Margarete Haller**s Serie über „**Gisel und Ursel**“.

Zu Beginn der 50er Jahre erschienen die deutschen Übersetzungen von drei Büchern der schwedischen Autorin **Astrid Lindgren** über das ungewöhnliche Leben einer rotzfrechen Göre namens „**Pippi Langstrumpf**“, „Pippi Langstrumpf geht an Bord“ und „Pippi in Taka-Tuka-Land“. Die Jüngeren erlebten sie vielleicht erst in den vier Filmen, die zwischen 1968 und 1970 gedreht wurden. Ach ja, wie viele Mädchen wünschten sich nicht auch, die Kräfte der Romanfigur zu besitzen, deren ungezwungenes Lotterleben ohne Einmischung von Erwachsenen führen zu können und in der Schule keine „Plutimikation“ lernen zu müssen. Pippi dürfte eine der ersten Mädchenfiguren in der Literatur gewesen sein, die sogar Jungen – wenigsten heimlich – bewunderten.

Abenteuer-Klassiker

Mit zunehmendem Alter mehrte sich die Lust, Abenteuer zu erleben. Glücklicherweise konnte diese in überwiegendem Maße literarisch befriedigt werden. Hierfür waren nach wie vor Klassiker geeignet, wie „**Die Schatzinsel**“ von **Robert Louis Stevenson**, „**Zwanzigtausend Meilen unterm Meer**“ von **Jules Verne**, „**Onkel Toms Hütte**“ von **Harriet Beecher-Stowe** oder „**Tom Sawyer**“ und „**Huckleberry Finn**“ von **Mark Twain**, die alle in neuer Bearbeitung, frisch aufgelegt und mit Zeichnungen ausgestattet in den Buchläden auslagen.

Naturgeschichten im Hochglanz-Einband

Auffällig bunt waren damals die Lackausgaben der Schneider-Jugendbücher in Rundum-Hochglanz mit dem roten Punkt auf dem Rücken. Der rührige **Franz Schneider Verlag**, 1913 in Berlin gegründet, war 1953 nach München umgezogen und hatte sich bis zum Ende der 50er Jahre zum Marktführer im Kinder- und Jugendbuchbereich entwickelt. Mit seiner umfangreichen Produktion bediente das Familienunternehmen jede Altersgruppe und beinahe jedes Interessengebiet.
Vielleicht war den Eltern die **Försterhaus-Serie** von **Erich Kloss** aus den 30er Jahren noch bekannt, jedenfalls lag sie beim nächsten Geburtstag in Neuauflage auf dem Gabentisch. Die vier illustrierten Einzelbände, mit den Themen Frühling, Sommertag, Herbstfreuden und Winterferien im Försterhaus, beschrieben den Jahresablauf im Wald mit seinen Tieren. Das regte hinreichend die Lust an, sich dort selbst etwas genauer umzuschauen, und die Eltern waren erstaunt über die bereitwillige Teilnahme der Kinder an der sonntäglichen Bergwanderung. Mit erweiterten Sinnen wurde fortan die Natur aufgenommen.
Ein großer Erfolg wurde auch die zweite Serie **„Im tiefen Forst“** mit den Einzeltiteln: **„Der König der Nacht“**, **„Horst wird Förster“**, **„Horst und das Raubwild“** und **„Jagdabenteuer am Waldsee“** sowie die dritte Serie **„Im Bergforsthaus“** mit **„Die Försterkinder vom Alpsee“** und **„Beim Förster im Hochgebirge“**. Außerdem gab es noch die speziellen Tierbücher desselben Autors.
Beliebt war auch die **Zugvögel-Reihe** von **Erika Mann**, der Tochter von Thomas Mann. Die Titel der ersten beiden Bände lauteten: **„Wenn ich ein Zugvogel wär!“** und **„Till bei den Zugvögeln“**.

Ein stetig wachsendes Angebot an Kinderbüchern fand sich in den Leihbüchereien, 1964. (Vorlage: Günther Klugermann)

Ab einem gewissen Alter spielten – hauptsächlich bei den Jungen – die Abenteuerbücher von **Karl May** eine große Rolle, wie das bei deren Vätern und vielleicht auch Großvätern schon der Fall gewesen war. Einen gewaltigen Auftrieb erhielt das Interesse durch die Verfilmung der Romane, vor allem zu Beginn der 60er Jahre.

Leider gerieten die im „Wilden Westen" spielenden Romane von **Friedrich Gerstäcker**, der – im Gegensatz zu May, der erheblich von ihm profitierte – die Handlungsorte seiner Geschichten selbst bereiste, für die Nachkriegsgeneration eher zu einem Geheimtipp. Seine erfolgreichsten Werke waren „**Die Regulatoren in Arkansas**" (1845) und „**Die Flußpiraten des Mississippi**" (1848).

Gerstäcker wiederum bekannte sich als Verehrer der zum Teil schon 1826 auf deutsch erschienenen „**Lederstrumpf-Erzählungen**" von **James Fenimore Cooper** und verhielt sich bei seinen Nordamerika-Reisen wie sein Vorbild Nathaniel Bumppo. Insbesondere „**Der letzte Mohikaner**“ von Cooper erfreute sich auch bei den lesenden Jungen der 50er-Jahre-Generation ungebrochener Beliebtheit.

„Der letzte Mohikaner“, Abenteuergeschichten

„Die Gärten der Königin“ haben’s in sich

Sorgen ums Seelenheil der Kinder

Hinzu kamen Erstveröffentlichungen jüngerer Autoren, wie **Rolf Ulrici**, der mit der „**Käpt’n Konny**“-Serie ab 1954 großen Erfolg hatte, oder **Oliver Hassencamp** mit seiner beliebten „**Burg Schreckenstein**“-Serie ab 1959.

Großen Eindruck hinterließen die sieben Bände der Erzählungen um Steuermann Jörg Freymuth und seinen Sohn Jochen von **Otto Kindler** aus dem Boje-Verlag in Stuttgart, auch wenn sich der Zugang mangels Aufklärung nicht sofort erschloss. Als nämlich ausgerechnet Band 6 mit dem nicht gerade anreizenden Titel „**Die Gärten der Königin**“ unterm Weihnachtsbaum lag, blieb das Buch erst einmal unbeachtet liegen. Wer interessierte sich denn schon für irgendwelchen Gartenbau? Die Mutter dachte, es könnte nach ihrem Geschmack sein, da sie sich durchaus für Gärten und Adelsgeschichten erwärmen konnte. Erstaunt stellte sie jedoch fest, dass es sich um ein Abenteuerbuch handelte, las es trotzdem zu Ende, sicherte es dann aber im Wohnzimmerbüfett. Dem verblüfften Blick des Beschenkten begegnete sie mit der Bemerkung, dass es erst zu einem späteren Zeitpunkt (die Rede war von Jahren!) als Jugendlektüre geeignet sei, obwohl auf dem Buchrücken „K M ab 10“ stand, also für Knaben und Mädchen ab zehn Jahren empfohlen.

Glücklicherweise ließ sie sich nach ein paar Monaten schon erweichen und gab den Band frei. Wie zu erwarten gewesen war, stellte sich die Sorge ums kindliche Seelenheil als völlig übertrieben heraus. Aber zugegeben, das Buch beinhaltete alles,

Illustration aus „Die Gärten der Königin“ von Richard Sapper, 1953

was ein Jungenherz höher schlagen ließ: Eine geballte Ladung von Abenteuern, Spannung, Geheimnis und Tragik, Kämpfen und Siegen, Piraten, Indianern und Soldaten – alles vor der zauberhaften Kulisse der Karibik.

Erlebnisse mit Zwillingen und Freunden

In den 50er Jahren kam **Enid Blyton**, die unglaublich produktive Engländerin (sie schrieb während ihres Lebens über 700 Bücher!), zum Franz Schneider Verlag. Das war natürlich ein

Titel von der ersten Ausgabe zu „Hanni und Nanni“

einmaliger Glücksfall, denn die Autorin sprach mit einem Großteil ihrer Bücher Mädchen und Jungen gleichermaßen an.

Die im Original in sechs Bänden beschriebenen Erlebnisse der Zwillinge „**Hanni und Nanni**“, die im Internat Lindenhof leben, wurden von den Mädchen regelrecht verschlungen. In Deutschland erschienen insgesamt 22 „Hanni und Nanni“-Bände, von denen allerdings 18 aus der Feder von deutschen Autoren stammten, jedoch unter dem Namen Enid Blyton veröffentlicht wurden.

Unvergessen bleiben des Weiteren die „**Abenteuer**“-Serie („Die Insel der Abenteuer“, „Die Burg der Abenteuer“ usw.), die „**Geheimnis**“-Serie („Geheimnis um einen nächtlichen Brand“,

„Geheimnis um ein verborgenes Zimmer“ usw.), die „**Rätsel**“-Serie („Rätsel um den unterirdischen Gang“, „Rätsel um den wandelnden Schneemann“ usw.) und die „**Fünf Freunde**“-Serie („Die Fünf Freunde erforschen die Schatzinsel“, „Die Fünf Freunde auf geheimnisvollen Spuren“ usw.) von Enid Blyton.

Spannung überall auf der Welt

Zwischen 1953 und 1959 erschien erstmals die zehnbändige Abenteuerreihe von **Herbert Kranz**, die so genannten **Ubique-Terrarum-Bände** beim Herder-Verlag in Freiburg im Breisgau. Die Reihe begann mit „In den Klauen des Ungenannten“ und endete mit „Das Zeichen der Schlange“.
In diesen Büchern agierte kein Einzelheld, sondern ein international zusammengesetztes Team arbeitete für die Gesellschaft Ubique Terrarum, welche „Aufträge für Ermittlungen, Nachforschungen und Expeditionen“ übernahm, wenn sie „moralisch gerechtfertigt“ erschienen. Diese Aufträge führten das Team „in alle Teile der bewohnten und unbewohnten Erde“, wo es immer wieder in Abenteuer verwickelt wurde und gefährliche Situationen zu bestehen hatte. Jedes Teammitglied verfügte über spezielle Fähigkeiten, die, in die Gemeinschaft eingebracht, zur gemeinsamen Aufgabenlösung befähigten. Eigenartigerweise benutzten die Männer untereinander nur ihre Spitznamen: Chef, Graf, GG, Figur, Neunauge und Plumpudding.
In nachhaltiger Erinnerung blieb auch „**Die rote Zora und ihre Bande**“ von **Kurt Held**, ein Abenteuerbuch, das 1941 zuerst in der Schweiz erschien. Es spielte in und bei der Stadt Senj an der Adria-Küste im heutigen Kroatien. Zora beeindruckte nicht nur die ihrer Bande zugehörigen Jungen, sondern ebenso die jugendlichen Leser beiderlei Geschlechts.

Nostalgie auf Zelluloid

Erste Begegnung mit dem Film

Bis zum Beginn der 60er Jahre kam ein Kind selten oder nie ins Kino. Vielleicht nahm sich die Mutter einmal die Zeit und begleitete ihre Kinder beispielsweise in eine Wiederaufführung von „**Schneewittchen und die 7 Zwerge**“, dem ersten abendfüllenden Zeichentrickfilm in Farbe aus dem Hause **Disney**, den es seit 1937 gab. Möglicherweise hatte sie das schnell bereut, weil sie die Kinder, aufgewühlt von der ungeheueren Bildgewalt des Gesehenen, mit Fragen bestürmten, die sie nicht adäquat beantworten konnte.

Anfang der 60er Jahre boten u.a. Kirchengemeinden Filmaufführungen zu niedrigen Eintrittspreisen an, die im Gemeindesaal oder im neu erbauten Gemeindezentrum stattfanden. Zunächst lief – wie es damals allgemein noch üblich war – ein kurzer Vorfilm, häufig religiösen Inhalts, aber im Hauptprogramm wurden dann Filme verschiedenster Richtung gezeigt, wobei natürlich auch ein gewisser kommerzieller Aspekt eine Rolle spielte, denn je attraktiver für die Jugend, desto voller das Haus und damit auch die Kasse.

So kam man für wenig Geld in den Genuss von Hochspannung wie bei „**Lohn der Angst**“ (1952) von Henri-Georges Clouzot, Dramatik wie in „**Die Brücke**“ (1959) nach dem Roman von Bernhard Wicki, oder die erste Begegnung mit verfilmten Karl-May-Abenteuern wie „**Die Sklavenkarawane**“ (1958), in dem noch Viktor Staal den Kara Ben Nemsi spielte und Georg Thomalla den Hadschi Halef Omar.

Abenteuer in Breitwandformat

Doch dann brach schlagartig die Kino-Euphorie aus und ein bis dahin nicht bekannter jugendlicher Ansturm auf die Lichtspieltheater setzte ein. Als besonders begehrt erwiesen sich die ab den 50er Jahren in den Städten entstandenen Filmpaläste, eingerichtet für die Vorführung von „Cinemascope-Filmen“ im Breitwandformat und mit Beschallungsanlagen auf aktuellem technischen Stand. Auslöser dieser neuen Welle waren die Verfilmungen von Wild-West-Abenteuern nach Karl May. Niemand hatte den Riesenerfolg von **„Der Schatz im Silbersee“**

Szene aus dem Film „Winnetou III" (1965) mit Pierre Brice und Lex Barker

(1962) und „**Winnetou** Teil I" (1963) erwartet, die quasi eine Lawine auslösten.

Offensichtlich hatte die Besetzung der Hauptrollen mit **Pierre Brice** als Winnetou und **Lex Barker** als Old Shatterhand genau den Nerv der Zeit getroffen. Die beiden wurden zu Superstars gekrönt. Die phantastische Kulisse der Drehorte im damaligen Jugoslawien hatte wohl auch einen nicht unerheblichen Beitrag zur Begeisterung geleistet. Kenner der Vorlage waren allerdings sehr enttäuscht von einem Teil der personellen Besetzung und der nur sehr entfernt ans Original angelehnten Handlung. Vor allem die von Pierre Brice verkörperte Figur entsprach so gar nicht der hehren Beschreibung des Winnetou bei Karl May. Der Schock verstärkte sich, als Pierre Brice in Winnetou I zum Zwecke eines Zweikampfs den Oberköper entblößte und ein kleiner Speckgürtel zum Vorschein kam, welcher der Vorstellung von einem durchtrainierten Indianerhäuptling in keiner Weise entsprach.

Der weiteren Entwicklung taten solcherlei sittenstrenge Einwände keinerlei Abbruch, zumal sich die Masse wenig um Authentizität kümmerte, sondern die Darsteller um ihrer selbst willen verehrte. Im Jahr 1964 kamen gleich vier neue Karl-May-Verfilmungen in die Kinos, 1965 gar acht, doch dann war das Thema im Wesentlichen abgenudelt.

Filme, Filme ...

Andere Streifen lockten immer mal wieder viele Zuschauer in die Kinos oder sie wurden – etwas zeitverzögert – in anderen Einrichtungen vorgeführt. Je nach Geschmack verhafteten sich entsprechend sehr unterschiedliche Werke in der Erinnerung: Heimatfilme wie **„Die Geierwally“** (1956), Kinderfilme wie **„Das doppelte Lottchen“** von Erich Kästner (1950), sentimentale Schinken von den drei **„Sissy“**-Filmen aus der zweiten Hälfte der 50er Jahre bis zu **„Love Story“** (1970), Komödien wie Roman Polanskis genialem **„Tanz der Vampire“** (1967), Albernheiten wie die Filme mit Roy Black und Uschi Glas, von **„Immer Ärger mit den Paukern“** (1968) bis **„Wenn mein Schätzchen auf die Pauke haut“** (1971), anarchische Filme wie **„Themroc“** (1972), Kriminalfilme wie die Edgar-Wallace-Reihe, angefangen mit **„Der Frosch mit der Maske“** (1959) bis **„Das Rätsel des silbernen Halbmonds“** (1971/1972), Science-fiction-Filme wie das Meisterwerk von Stanley Kubrick **„2001 – Odyssee im Weltraum“** (1968), Kultfilme wie **„Easy Rider“** (1969) und ungezählte weitere.

Die Sünderin

Marina ist schön und verführerisch. Mit 14 Jahren von den Eltern verlassen, nimmt ihr Halbbruder sie zur Geliebten – bis sie den Maler Alexander und die wahre Liebe kennen lernt. Doch Alexander droht zu erblinden. Nur eine teure Operation kann ihn retten. Marina steht vor einer schweren Entscheidung ...

Deutschland ist geschockt, als 1951 der Film **„Die Sünderin“** mit Hildegard Knef in der Hauptrolle in die Kinos kommt: Eine Frau liegt nackt auf einer Liege und lässt sich von ihrem Geliebten malen. Eine Szene, die in der heutigen Zeit kaum jemanden die Schamesröte ins Gesicht triebe. Vor 50 Jahren sah die Situation in Deutschland noch anders aus. Das überwiegend prüde Publikum hatte seinen ersten Filmskandal. Dass der Film heute ab 12 Jahren freigegeben ist, zeigt den Wandel des Zeitgeistes.

Der Fernseher hatte nun die Wohnzimmer erobert. (Vorlagen: Herkules Verlag)

Fernsehen setzt sich durch

Beliebte Fernsehserien

Ab Dezember 1959 lief „**Am Fuß der blauen Berge**“ als erste amerikanische Westernserie im Deutschen Fernsehen, mit John Smith als Slim Sherman und Robert Fuller als Jess Harper. Da drängten sich die Volksschüler vor der Flimmerkiste und waren schon vom Vorspann fasziniert, bei dem es immer so aussah, als würden sich die Räder der Kutsche rückwärts drehen.

Westernserien kamen meist gut an. Man denke an „**Bonanza**“, die sinnigerweise so hieß, weil die Titelmelodie so hieß. Im Oktober 1962 ritten Ben Cartwright und seine Söhne Adam, der dicke Hoss und Little Joe zum ersten Mal von ihrer Ranch „Ponderosa“. Oder „**Rauchende Colts**“, die Geschichte von Matt Dillon, Marshal von Dodge City, einschließlich des kauzigen Festus, die ab Juni 1967 gezeigt wurde.

Die Kinder liebten vor allem den deutschen Schäferhund „**Rin Tin Tin**“ in der ersten amerikanischen Serie, die im deutschen Fernsehen gezeigt wurde (ab Februar 1956) – in neun Jahren aber nur 20-mal. Dann den Collie „**Lassie**“, den

Rapphengst „**Fury**“ (beide ab 1958), den Delfin „**Flipper**“ (ab 1966) oder die Schimpansin Judy und den schielenden Löwen Clarence aus „**Daktari**“ (ab 1969).

Die **Augsburger Puppenkiste** brachte schon ab 1959 Sendungen für Kinder. Zu den Höhepunkten in den 60er Jahren gehörten: „**Jim Knopf und Lukas der Lokomotivführer**“ (1961), „**Jim Knopf und die Wilde 13**“ (1962), „**Kater Mikesch**“ (1964) und „**Urmel aus dem Eis**“ (1969).

Eine viel gelobte Kinderserie kam aus der damaligen Tschechoslowakei. Ab Dezember 1970 freuten sich Klein und Groß auf „**Pan Tau**“, den eleganten Herrn im Frack und mit weißer Nelke im Knopfloch, der mit einer charakteristischen Handbewegung an seiner Melone zaubern und sich selbst in eine kleine Puppe verwandeln konnte.

Zwei weitere Beispiele aus der Vielzahl von Unterhaltungsserien, die aufgrund ihrer Schlichtheit dem kindlichen Gemüt entgegenkamen und deshalb Jahrzehnte später nostalgische Gefühle auslösen, seien abschließend noch genannt:

Zum einen „**Mit Schirm, Charme und Melone**“ (ab Oktober 1966) mit dem unschlagbaren Agentenpaar John Steed und Emma Peel, deren merkwürdige Verrenkungen dem damaligen Publikum noch als Karate verkauft werden konnten.

Typische Wohnzimmereinrichtung in den 60ern

Letztlich „**Bezaubernde Jeannie**“ (ab September 1967), der bauchfreie, weibliche Flaschengeist, der, mit den üblichen Zauberkräften ausgestattet, seinem Meister, Major Nelson, manchmal übereifrig zu Diensten war.

1959: „So weit die Füße tragen“

Wie zu unseligen Zeiten vor dem Volksempfänger, bildeten sich Ende der 50er Jahr Trauben vor den noch nicht sehr verbreiteten Fernsehgeräten. Das war schon etwas Besonderes, so ein kleinformatiges Heim-Kino. Voller Stolz, gemischt mit etwas Angeberei und Großmut, präsentierten die Besitzer ihr neues Möbelstück, und alle verfolgten gebannt die bewegten, schwarzweißen Bilder auf der Mattscheibe.
Die erste Unterhaltungsserie mit Niveau war das sechsteilige Fluchtdrama **„So weit die Füße tragen“** mit Heinz Weiss als Clemens Forell, das von Februar bis April 1959 zum ersten Mal im Deutschen Fernsehen ausgestrahlt wurde. Sogar die Kinder durften schon zusehen und die Meinungen gingen durcheinander, ob das wohl die richtige Unterhaltung für sie wäre.

Eine Woche Schullandheim

Abwechslung zum Alltag

Mit der Klasse auf Klassenfahrt ins Schullandheim war für viele in der ersten Hälfte der 60er Jahre der erste und einzige „Urlaub“ außerhalb des Wohnorts und ohne Eltern. Zwar lag die Unterkunft in aller Regel nicht allzu weit vom Standort der Schule entfernt und ein richtiger Urlaub war es ja auch nicht. Aber auf alle Fälle ein besonderes Erlebnis und weg von daheim und dem üblichen Alltagstrott.

So oder ähnlich haben sicher viele Schülerinnen und Schüler dieser Generation Klassenfahrten wohin auch immer erlebt.

Recht bieder sahen sie noch aus, die Mädchen beim Klassenausflug in den 60er Jahren ... (Vorlage: Herkules Verlag)

Das Schullandheim lag meist in landschaftlich reizvoller Umgebung, abseits irgendwelchen städtischen Trubels. Besonders attraktiv war es, die Mitschüler einmal unter ganz anderen Bedingungen zu erleben, viel länger mit ihnen zusammensein zu können als zu Hause, wo es außerhalb der Schule gerade mal ein paar Stunden am Nachmittag waren. Interessant auch, die begleitenden Lehrer ohne Anzug und Schlips, dafür in legerer Freizeitkleidung zu sehen. Ob das wohl ein Grund dafür war, dass sie einem viel weicher und lockerer als sonst vorkamen?

Vor allem zählte natürlich, dass es die übliche strenge Unterrichtsabfolge nicht gab. Schon deshalb nicht, weil höchstens zwei Fachlehrer anwesend waren. Es wurde viel in Gruppen erarbeitet, eine damals noch ziemlich ungebräuchliche Variante der Unterrichtsgestaltung. Ein weiteres Novum bestand darin, die umgebende Natur, der man sich mit kleineren Exkursionen angenähert hatte, in einem größeren Zusammenhang zu behandeln.

Die vertretenen Lehrer boten ihr Fach meist auch auf andere Weise an, wie es sonst üblich war. So brachte der Chemielehrer, nach kurzer Erläuterung der Zusammensetzung, schon mal ein spezielles Gemisch zur Explosion – unter kontrollierten Bedingungen im Freien, versteht sich, und mit ausreichendem Abstand beobachtet.

Ein Musiklehrer streng klassischer Ausrichtung hatte es nicht leicht, seine Anschauung in einer Zeit, in der sich drei

Schulklasse vor dem Arbeitseinsatz während eines Schullandheimaufenthalts, 1963 (Vorlage: Günther Klugermann)

Viertel der Schüler einer Klasse als eingefleischte Beatfans zu erkennen gaben, überzeugend durchzusetzen. Da die aktuelle Liebhaberei noch weit davon entfernt war, als Unterrichtsthema aufgenommen zu werden, behalfen sich flexible Pädagogen damit, wenigstens flotte Shantys und Gospels zu behandeln. Als zusätzlicher Anreiz wurde ein Klassenchor für den öffentlichen Auftritt bei der nächsten Schulfeier zusammengestellt und im Schullandheim fleißig dafür geprobt. So ganz nebenbei konnte damit auch ein kleines Stück Englischunterricht abgedeckt werden.

Arbeitseinsatz für den Sportplatz

Manchmal leistete die Klasse einen praktischen Arbeitseinsatz ab, zuvor geködert mit der Aussicht auf einen Bericht samt Foto in der nächsten Ausgabe der Schulzeitung. Außerdem galt es als überaus ehrenhaft, einen Beitrag für die Schulgemeinschaft zu leisten, und dies förderte selbstverständlich das Ansehen der Klasse.

Ein solcher Einsatz konnte beispielsweise darin bestehen, einen heimeigenen, vernachlässigten Fußballplatz wieder in Stand zu setzen.

Mit dieser Absicht rückte eines Morgens die ganze (Jungen-) Klasse aus, bewaffnet mit allerlei Werkzeug, wie Hacke, Spaten usw. Es gab keine Marschordnung, keinen Gleichschritt, kein Schultern der Werkzeuge, wie es noch 20 Jahre zuvor der Fall gewesen wäre. Als Erstes musste der Umfang des Spielfelds neu abgesteckt werden. Dann wurde störender Bewuchs entfernt und das Areal eingeebnet – so gut es mit den vorhandenen Mitteln eben ging. Als krönender Abschluss fand ein Einweihungsspiel statt, bei dem alle, auch die nicht so fußballbegeisterten Schulkameraden, mit Eifer beteiligt waren.

Arbeit an frischer Luft macht bekanntlich Appetit. Deshalb artete das Abendessen zu einem regelrechten Wettfressen aus. Der Zeitpunkt für den anschließend im Abendprogramm vorgesehenen Diavortrag war vielleicht nicht so geschickt gewählt, weil früher als sonst einsetzende Müdigkeit der Aufmerksamkeit etwas abträglich war. Dabei hielten sich die Schüler noch recht tapfer, aber der eine Lehrer unter den Zuhörern hatte doch erhebliche Schwierigkeiten, seine schwer gewordenen Augenlider offen zu halten.

Aufklärung im Schlafsaal

Die nächtliche Unterbringung erfolgte in unterschiedlich großen Schlafsälen mit jeweils mehreren zweistöckigen Betten. Der für die Nachtruhe bestimmte Zeitpunkt galt ja immer nur insofern, dass eben der Schlafsaal – außer für unaufschiebbare Bedürfnisse – nicht mehr verlassen werden durfte und nach außen nicht

Abschluss vom Schullandheimaufenthalt in der Kneipe, 1967
Vorlage: (Günther Klugermann)

so viel Lärm dringen sollte, dass sich die Aufsichtspersonen zum Einschreiten genötigt sahen. Aber selbst eine hitzige Kissenschlacht konnte verhältnismäßig ruhig geschlagen werden. Wenn schließlich alle ermattet unter ihren Decken lagen, dann begann der unausgeschriebene Wettbewerb um den vermeintlich witzigsten Witz oder die phantasievollste Wortspielerei. Und manchmal breitete sich eine andächtige Stille aus, wenn ein etwas erfahrenerer Schulkamerad die erste Aufklärung über den Umgang mit dem anderen Geschlecht betrieb. Die dazu erforderlichen Kenntnisse hatte er sich aus der scheinbar sicher verwahrten elterlichen Geheimbibliothek angeeignet.

Bunte Unterhaltung

Die Abende im **Schullandheim** boten eigentlich immer ein reizvolles Programm. Darunter war mindestens ein Abend, an dem Gesellschaftsspiele mit der gesamten Klasse stattfanden. Zwei zur Nachahmung empfohlene seien hier wiedergegeben.
Bei dem ersten Spiel ging es darum, diejenige Person ausfindig zu machen, die soeben in eine Trillerpfeife geblasen hatte und das sofort weitergegebene Lärmgerät zu erwischen. Bevor der Spielablauf erläutert wurde, mussten sich die späteren Sucher außerhalb des Zimmers aufhalten und erhielten nach ihrem Eintritt nur ihre Aufgabe kurz mitgeteilt. Ihnen war nicht bekannt, dass die Trillerpfeife hinten am Gürtel des Lehrers befestigt war, der sich immer am Rand des von den Schülern gebildeten Kreises bewegte. Wenn einer einen Pfiff ausgestoßen hatte, veränderte der Lehrer sofort seine Position und der gesamte Kreis tat so, als ob überall die Pfeife weitergegeben würde. Die Ablenkungsmanöver gelangen meist so gut, dass die suchenden Schüler nach einiger Zeit fassungslos aufgaben.
Beim anderen Spiel wurden etwa fünf Personen vor die Tür geschickt. Der Lehrer erzählte dem Rest der Klasse eine alltägliche Geschichte oder las einen kurzen Zeitungsartikel vor. Dann musste einer der Anwesenden dem ersten hereingerufenen Mitschüler die Geschichte möglichst originalgetreu weitererzählen. Dieser wiederum berichtete das, was er aufgenommen hatte, dem nächsten Eintretenden. Und so weiter, bis der Letzte dann das Gehörte vor allen wiedergab – also sozusagen den letzten Stand der Geschichte.
Tatsächlich bestand die Geschichte am Ende nur noch aus wenigen Sätzen. Jeder der Erzähler hatte zuvor Teile weggelassen und andere verändert wiedergegeben, sodass schließlich ein völlig anderer Sachverhalt herauskam, der mit dem Ursprung lediglich ein paar Stichwörter gemeinsam hatte. Der letzte Erzähler drückte sein Dilemma mit den Worten aus: „Ich weiß, dass ich völligen Unsinn wiedergebe, aber so habe ich es eben verstanden."
Bei Landheimaufenthalten höherer Klassen des Gymnasiums, z.B. einer Untersekunda, in der die meisten Schüler bereits das 16. Lebensjahr vollendet hatten, durfte der letzte Abend schon mal in einem Gasthaus ausklingen. Ein kleines Glas Bier und keinesfalls mehr lautete die streng limitierte Vorgabe – der Stimmung tat's keinen Abbruch. Manch einer rauchte dazu seine erste offizielle Zigarette.

Beat in Radio und Fernsehen

Hallo und Salut

Um die Mitte der 60er Jahre war es nicht einfach, Beatmusik aus öffentlichen Quellen zu beziehen, geschweige denn, unbekanntere Bands oder neuere Stilentwicklungen kennen zu lernen. Zunächst klinkten sich einige als „Schattenpublikum" oder „Zaungäste" bei den Soldatensendern der Amerikaner (American Forces Network – **AFN**) und der Briten im Nordwesten der Republik (British Forces Network – **BFN**, ab 1964 British Forces Broadcasting Service – BFBS) ein. Später etablierte sich **Radio Luxemburg**, dessen deutschsprachiges Programm schon im April 1958 die erste Hitparade ausgestrahlt hatte und schließlich auch Beatmusik lieferte. Aber die progressivsten Musikstile brachte „**Radio Caroline**", der erste englische Piratensender, der seit Ostern 1964 aus internationalen Gewässern in der Nordsee sendete.

Es dauerte relativ lange, bis die ersten deutschen Sender dem aktuellen Musikgeschmack entgegenkamen. Beim Saarländischen Rundfunk, Europawelle Saar, startete Manfred Sexauer 1965 mit der Sendung „**Hallo Twen**". Beim badischen Südwestfunk durfte Walther Krause einmal in der Woche eine Stunde lang „**Stars und Hits**" vorstellen (1970 in „Popshop" umbenannt). Aus Frankreich konnte man von 1959 bis 1969 die Musiksendung „**Salut les copains**" auf „Europe 1" empfangen, die auch einige interessante französische Produktionen vorstellte.

Entschuldigung, hier kommt der Beat-Club

Die Sensation war allerdings der „**Beat-Club**" im ARD-Fernsehen, eine Musiksendung von Radio Bremen, moderiert von **Uschi Nerke** und **Manfred Sexauer**. Dem Klima der Zeit huldigend bestand die Eröffnungsansage am 25. September 1965 in einer Entschuldigung:

„Guten Tag, liebe Beat-Freunde. Nun ist es endlich so weit. In wenigen Sekunden beginnt die erste Show im Deutschen Fernsehen, die nur für euch gemacht ist. Sie aber, meine Damen und Herren, die Sie Beat-Musik nicht mögen, bitten wir um Ihr

Verständnis: Es ist eine Live-Sendung mit jungen Leuten, für junge Leute. Und nun geht's los!"

Fortan durften sich die Fans alle vier Wochen auf den Sonntagnachmittag mit etwa einer halben Stunde Beatbands und Solisten in bewegten Schwarz-Weiß-Bildern freuen. Die Sendung hielt sich bis 1972, war zwischenzeitlich farbig geworden und dauerte zuletzt eine Stunde.

Wie viel Verständnis die Bürger der Sendung tatsächlich entgegenbrachten, mag die Zuschrift eines Herbert H. aus Krefeld an die Programmzeitschrift „Hörzu" Nr. 11 von 1966 illustrieren:

„Als ich diese grölenden und jaulenden Instrumentenquäler sah, dachte ich, es handelte sich um eine Übertragung aus Hagenbecks Affenhaus."

Logo des „Beat-Club"

Mit dem Schlager fing alles an

Den Auftakt zur deutschen Fernsehmusikunterhaltung hatte ab Oktober 1961 die NDR-Fernsehsendung „**Musik aus Studio B**" im 1. Programm gegeben. Freilich gab's da nur leichte Schlagerkost, zubereitet von dem Engländer **Chris Howland** alias Mister Pumpernickel, mit seinem sorgsam kultivierten britischen Akzent. Die Sendung lief bis 1970.

Diese Sparte erhielt ab Anfang 1969 noch Verstärkung durch die „**ZDF-Hitparade**". Moderiert von **Dieter Thomas Heck**, flimmerte sie immer am Samstagabend nach dem Baden auf der Mattscheibe. Mit am häufigsten tummelten sich dort Publikumslieblinge wie Roy Black, Chris Roberts, Jürgen Marcus, Roland Kaiser, Nicole, Howard Carpendale, Michael Holm, Heino oder Cindy & Bert.

Das Beeindruckendste an der Sendung war mit Abstand der Moderator, der sich jedes Mal an Redegeschwindigkeit selbst zu übertreffen suchte, wenn er am Ende der Sendung in möglichst kurzer Zeit den Abspann herunterrasselte ohne sich zu verhaspeln.

Von Januar 1966 bis 1969 lief die viel beachtete Sendung „**Beat, Beat, Beat**" zur besten Sendezeit, dienstags oder freitags direkt nach der Tagesschau. In ihr wurden Aufzeichnungen öffentlicher Auftritte (häufig in der Offenbacher Stadthalle) mit jugendlichem Publikum wiedergegeben. Unter den auftretenden Bands und Solisten fanden sich so renommierte Namen wie Kinks, Searchers, Eric Burdon, Julie Driscol, Yardbirds, Tom Jones und zahlreiche andere.

Der Haken an der Sache war, dass nur das dritte Fernsehprogramm des Hessischen Rundfunks die Reihe ausstrahlte und deshalb die meisten Zuschauer in der Bundesrepublik die Sendung damals überhaupt nicht sehen konnten.

Licht aus! Spot an!

1968 begann das ZDF mit „**4-3-2-1 Hot and Sweet**" eine Art dritten Weg zu beschreiten. Gemäß dem Namen als Programm wechselte sich eine bunte Mischung von Interpreten ab – eben von „Hot" (z. B. Doors) bis „Sweet" (z. B. France Gall). Die Moderatorin **Suzanne Doucet** brachte eines Tages einen 15-jährigen Jungen namens Ilja Richter mit in die Sendung, der 1969 ihre Nachfolge antrat.

Ab 1971 erhielt dieser **Ilja Richter** eine eigene Popmusik-Show unter dem Titel „**Disco**". Mit dem Schlachtruf „Licht aus! Spot an!" präsentierte er ebenfalls ein Quer-Beet-Musikangebot von Schlager bis Rock und gefiel sich selbst in ziemlich dämlichen Sketchen, die zur Auflockerung eingestreut wurden.

Insgesamt gesehen hatten die Geburtsjahrgänge ab Mitte der 50er Jahre einen viel leichteren Zugang zur Pop- und Rockmusik sowie ein in jeder Hinsicht wesentlich größeres Angebot zur Auswahl, als die früheren Jahrgänge. Deren Interessenschwerpunkte begannen sich bereits von der Musik weg zu verlagern, während die Jüngeren erst zu ihr fanden.

Hauspartys waren sehr beliebt: Getanzt wurde ohne Körperkontakt, es sei denn, ein Blues wurde gespielt. (Vorlage: Herkules Verlag)

Musik zum Tanzen

Erste Annäherung mit Steh-Blues

Die Auftritte von Bands waren keineswegs dem reinen Hörgenuss vorbehalten, sondern immer als Tanzfeten konzipiert. Zu diesem Zweck gab es freien Platz vor der Bühne. An den Rändern und im Hintergrund waren Tische aufgestellt, an denen man sich in den häufigen Tanzpausen an Bluna oder Cola erfrischen konnte. Alkohol wurde an den meisten Veranstaltungsorten nicht ausgeschenkt. In übernommener Tanzkapellen-Tradition spielte die Band meist nur drei Stücke hintereinander und legte danach eine Pause ein. Bevor die Jungs auf die Tanzfläche gingen, suchten sie sich eine Tanzpartnerin aus und fragten brav an, ob sie mit ihnen tanzen würde. Zwar lief das nicht mehr so formell-steif mit Verbeugung und so wie in der Tanzstunde ab, doch in der Regel mit einem hohen Grad an Höflichkeit. Ja, es ging überwiegend sehr ordentlich und gesittet zu. Mädchen und Jungen hatten sich gleichermaßen fein herausgeputzt,

Der Inbegriff des „Steh-Blues", 1967

wobei allerdings modische Aspekte bezüglich Kleidung und Frisur besonders beachtet wurden.

Während der Tanzrunden mit schnellen Musikstücken tanzte man nun – anders als beim Rock 'n' Roll – getrennt, ohne Körperkontakt. Die Paare mühten sich, mehr oder weniger gekonnt, ihre Bewegungen dem Rhythmus anzupassen. Das sah bei vielen noch reichlich ungelenk aus.

Vor allem die Jungen freuten sich auf die langsamen Runden, denn beim „Steh-Blues" konnten sie die Mädchen an sich drücken – so weit sie es sich überhaupt getrauten. Viele bevorzugten nämlich eine Sicherheitslücke zwischen den Körpern, und allzu forsche Galane wurden von den jungen Damen auf Distanz gehalten.

Mit der Musik „schweben"

Es gab dann auch die unzähligen Open-Air-Konzerte. Mehr oder weniger berühmte Musik-Gruppen traten dort auf. Die aggressiven Saalschlachten waren vergessen. Mitunter wurde wild getanzt, Partner und Partnerin behinderten sich jetzt nicht mehr. Man gab sich der Musik voll hin. Jeder und jede für sich. Man gab sich hin, mehr oder weniger berauscht – durch was auch immer.

Open-Air-Konzert Mitte der 70er Jahre: Wilder Tanz, ein Joint, aber sonst war's friedlich. (Vorlagen: Herkules Verlag)

Tanzen für sich allein – mit dem Twist fing's an

Der Anfang der sechziger Jahre aus Amerika herüber schwappende, kurzlebige Aufguss eines milden Rock 'n' Roll, der sich „**Twist**" nannte, sprach eher ein Publikum an, das sich in erster Linie gymnastischen Übungen hingeben wollte. Der **Twist** galt als der erste Paartanz ohne gegenseitige Berührung. Genauere Anweisungen waren den Texten der Lieder selbst zu entnehmen. Darüber hinaus schien den Textern nicht viel mehr einzufallen und die Komponisten überraschten auch nicht gerade durch zündende Ideen. Vermutlich wäre diese Episode also ohnehin zu einem ziemlich schnellen Ende gekommen. Doch als Beschleuniger fungierte möglicherweise eine Welle, die, zunächst ohne großes Aufsehen zu erregen, von England über den Kanal wogte und merkwürdigerweise in Hamburg anbrandete.

Wie von einem halben Pferd gezogen

Velo Solex – das Fahrrad mit Hilfsmotor

Irgendwann in den 60er Jahren zeigte sich immer häufiger in Städten mit fahrradfreundlichen Verkehrswegen ein eigenartiges Gefährt. Es war schwarz lackiert, sah aus wie ein Fahrrad mit etwas zu klein geratenen Rädern, hatte einen breiten Lenker mit Ding-Dong-Glocke, einen Motorklumpen auf dem Vorderrad und gab ein sanft tuckerndes Motorengeräusch von sich.

In abgelegenen Gegenden hielten es manche für eine Eigenkonstruktion. Tatsächlich produzierte die französische Firma Solex das **Fahrrad mit Hilfsmotor**, wie es offiziell eingestuft wurde, aber bereits seit 1946 in Serie. Bis es den Weg nach Deutschland fand, dauerte es allerdings noch eine Weile.

Vielleicht verschaffte ihm die Filmkomödie „Mein Onkel" von und mit dem französischen Regisseur und Schauspieler Jacques Tati eine gewisse Popularität, in welcher der liebenswürdig-schrullige Monsieur Hulot mit einem Velo Solex unterwegs ist. Der Film wurde 1958 in Paris uraufgeführt und kam Mitte 1959 auch in die deutschen Kinos.

Letztendlich dürfte eine unübersehbare Reihe von Vorteilen seine Beliebtheit auch hierzulande gefördert haben. Der

Auch für Mini-Trägerinnen geeignet: das Velo Solex, 1967. (Vorlage: Margot Winkler)

Preis von knapp 100 Mark machte es leicht erschwinglich, es erforderte keinen Führerschein und eine Helmpflicht gab es auch noch nicht. Der Plastiktank fasste 1,5 Liter des Zweitakt-Gemischs und reichte ziemlich genau für 100 Kilometer, womit die Betriebskosten kaum spürbar waren.

Minirockgeeignetes Fortbewegungsmittel

Besonders Mädchen bevorzugten diese Art der gepflegten Fortbewegung. Im Gegensatz zum Fahrrad konnte das Solex, wie es kurz genannt wurde, selbst mit Minirock problemlos benutzt werden. Abgesehen davon, dass der Betrieb eines Fahrrads naturgemäß mit Kraftaufwand verbunden war, gestaltete sich das Strampeln in kurzen Röcken nämlich zusätzlich anstrengend, weil der Mini ständig dazu neigte, sich noch weiter zurückzuziehen, was zwar die Männerwelt begeisterte, den betroffenen

Mädchen und jungen Frauen aber eher unangenehm war. Ein kurzer, enger Rock brachte es außerdem mit sich, dass sich beim Treten die Knie oben in der Mitte trafen, was nicht nur dazu führte, dass sie ständig aneinander scheuerten, sondern es wurde über die schräg gestellten Unterschenkel auch ein Druck nach unten ausgeübt, der ein Abrutschen der Füße von den Pedalen verursachen konnte.

Diese Unbequemlichkeiten blieben der Solex-Fahrerin erspart. Sie setzte im Stand den Motorblock auf das Vorderrad, betätigte mit dem Daumen den Dekompressionshebel, brachte mit ein paar Umdrehungen der Tretkurbeln das Zweirad in Fahrt und konnte die Beine dann anmutig geschlossen nebeneinander auf das kleine Trittbrett stellen. Dies verursachte eine sehr aufrechte Sitzhaltung, die eine ansprechende Eleganz der Gesamterscheinung ausstrahlte.

Mit ungefähr einer halben Pferdestärke angetrieben, brachte es das Gefährt auf eine Fahrgeschwindigkeit von etwa 30 Stundenkilometer, also wenig geeignet für Tempofreaks, aber ideal um zu sehen und gesehen zu werden. Die Geschwindigkeit verringerte sich jedoch spürbar, wenn keine regelmäßige Reinigung des Motorblocks vorgenommen wurde. Es bedurfte einer gewissen Eingewöhnung, um trotz des auf dem Vorderrad lastenden Gewichts sicher lenken zu können.

Bis der Motor durchdreht ...

Die große Reichweite einer Tankfüllung führte oft zu Nachlässigkeit, was das rechtzeitige Ansteuern einer Zapfsäule anbetraf. Außerdem konnte man im Notfall immer noch in die Pedale treten, auch wenn das ziemlich kräftezehrend war, wegen dem verhältnismäßig tief angebrachten Sattel und der miserablen Übersetzung. Aber eigentlich ließ sich mit etwas Erfahrung zuverlässig feststellen, ob der Tank noch ausreichend Inhalt hatte, indem man das Fahrzeug leicht hin und her bewegte und lauschte, ob da noch ein Schwappen von Flüssigkeit zu hören war. Dennoch wollte sich einmal ein Kavalier als besonders technisch versiert beweisen. Als sich das Solex seiner Freundin anzuspringen weigerte, konstatierte er sofort – typisch Frau – fehlenden Kraftstoff als Ursache und versuchte seine Diagnose zu erhärten, indem er mit einem brennenden Feuerzeug den fehlenden Tankinhalt nachweisen wollte. Das Ergebnis teilte sich verblüffend schnell mit und der junge Mann besaß wieder eine vom sorgsam gehegten Haarpony befreite Stirn.

Das vielleicht größte Übel, das einem mit dem ansonsten sehr robusten Solex widerfahren konnte, war, dass das Vorderrad platt wurde. Das geschah ärgerlicherweise viel zu häufig, während sich das Hinterrad als resistenter erwies. Der Eintritt dieses Ereignisses hatte nämlich eine elende Schlepperei zur Folge, weil der schwere Motorblock zum Schieben angehoben werden musste. Probleme des Fortkommens ergaben sich auch bei starkem Regenfall, wenn die Antriebsrolle auf dem nassen Gummi des Mantels durchdrehte. Für Schnee oder gar Glatteis auf den Straßen war das Zweirad überhaupt nicht geeignet.

Die Jugendzentrumsbewegung

Wir sind alle Rädelsführer

Während die Studentenbewegung und Aktionen der Außerparlamentarischen Opposition auf Universitätsstädte beschränkt blieben und gegen Ende der 60er Jahre abflauten, kam Anfang der 70er Jahre eine neue soziale Bewegung auf, die selbst kleinere Gemeinden erfasste. Jugendliche erhoben die Forderung nach selbstverwalteten Jugendhäusern oder Jugendzentren, wo sie sich ohne Konsumzwang und ohne Kontrolle durch die Elterngeneration treffen konnten.

Es war einiges der vorangegangenen Auseinandersetzungen in den Zentren übergeschwappt in die ländlichen Regionen. Auch äußerlich hatte sich eine Anpassung vollzogen: Die Haare der Jungen waren ebenfalls länger geworden und die Röcke der Mädchen kürzer. Hier wie dort tobte der Generationenkonflikt in der Familie. Auf dem Land kam aber verschärfend hinzu, dass es nicht ganz ungefährlich war, sich so in der Öffentlichkeit zu zeigen.

„Macher“ und Nutzer eines Jugendzentrums, um 1973 (Vorlage: Helga Orth-Klugermann)

Auf dem Lande – Gefahr für Langhaarige und Kurzberockte

Auf Dorffesten ließ man sich am besten nur in einer großen Gruppe Gleichgesinnter sehen. Einzelne waren akut gefährdet. Kurzberockte Mädchen interpretierten die schon gut angeheiterten, strammen Jungmänner wie auch fortgeschrittenere Altersgruppen zu ihren Gunsten gern als Flittchen und sahen in ihnen die Objekte ihrer spießbürgerlichen Sexualphantasien. Langhaarige Jungen betrachteten sie teilweise als „weibisch“, teilweise flimmerte ihnen nur ein diffuses Feindbild vor Augen, wobei jede Begründung gerade recht kam (wenn es denn überhaupt einer Begründung bedurfte), um denen einfach mal eine in die „Fresse“ hauen zu können.

Eine überliefertes Zitat aus jener Zeit brachte das typische Empfinden vieler „Langmähniger“ zum Ausdruck, wenn sie es wagten, das Bierzelt auf der Festwiese zu betreten: „Wenn alle Augen auf dich gerichtet sind, dann spürst du die Volksseele zwischen den Schulterblättern und wie der Faschismus aus allen Löchern kriecht.“

Gegen alle Widerstände von außen

Vielerorts entspann sich ein zähes Ringen um die Überlassung eines leer stehenden, oft renovierungsbedürftigen Hauses. Die wichtigste Hürde war die Zustimmung des Gemeinderats. Zur Unterstützung der Forderung nach eigenen Räumen fand oft die erste Demonstration in der Geschichte einer Kommune statt – eine Ungeheuerlichkeit ohnegleichen.

Längst nicht überall waren die Initiativen von Erfolg gekrönt. Und da, wo sich die Jugendlichen durchsetzen konnten, begann ein permanenter Konflikt. Zum einen nach außen, gegenüber den Eltern, der politischen und der Kirchengemeinde, den Vereinen.

Ziemlich schnell ging die Kunde von Drogenkonsum im Jugendhaus um, weshalb viele Eltern ihren Sprösslingen den Besuch erst gar nicht gestatteten. Andere Eltern sahen das aufsässige Benehmen zu Hause und die Infragestellung von Autoritäten in direktem Zusammenhang mit dem unguten Einfluss, den zweifelhafte Charaktere im Jugendzentrum auf ihre Kinder ausüben würden. Die politische Gemeinde hätte gern eine Kontrollinstanz in dem Haus gesehen, etwa in Form eines Sozialarbeiters, was aber überall vehement zurückgewiesen wurde. Außerdem fand in den Zentren oft die erste politische Sozialisation von Jugendlichen statt, die ja nicht gerade die Richtung des oft konservativen Überhangs im Gemeinderat einschlug.

Die Kirchengemeinden verzeichneten einen Rückgang ihrer Schäfchen und eine Konkurrenz zu ihren Jugendgruppen. Den Vereinen ging der Nachwuchs aus, weil die Jugendlichen lieber eine Fete mit Rockmusik veranstalteten als im gemischten Chor Volkslieder zu singen und die regelmäßigen Besäufnisse der Freiwilligen Feuerwehr nach ihren Übungen nicht mehr so toll fanden.

Was ließen sich die Jugendlichen nicht alles einfallen, um die Erwachsenen für sich einzunehmen und damit den Bestand ihrer Einrichtung zu sichern: Sie offerierten kostenlose Hilfe in Haus und Garten sowie Botengänge, veranstalteten Straßenfeste, verbunden mit einem „Tag der offenen Tür“, um Schwellenängste abzubauen, stellten sich als Gruppe für anfallende Arbeiten bei der Ausrichtung irgendwelcher Festlichkeiten zur Verfügung und, und, und ...

Konflikte im Innern

Konflikte entwickelten sich aber auch reichlich innerhalb der Jugendzentren. Der kleinste gemeinsame Nenner bestand vielleicht in der Verständigung über das unbedingt einzuhaltende Selbstverwaltungsprinzip nach dem Motto: Wir sind alle Rädelsführer. Dieses Ziel zu verfolgen, bedeutete jedoch auch, interne Bestrebungen, die darauf ausgerichtet waren, Hierarchien oder Machtstrukturen aufzubauen, frühzeitig zu erkennen und zu bekämpfen. In dieser Hinsicht lieferten sich gelegentlich basisdemokratisch orientierte, undogmatische Jugendliche und Vertreter der so genannten K-Gruppen (verschiedene kommunistische Richtungen) heiße Diskussionen. Aber politische Auseinandersetzungen gehörten beinahe zum Alltag in einem autonomen Jugendzentrum.

Daneben gab es tatsächlich häufig Probleme mit einer „Kifferfraktion“, die sich in einem Raum bei Räucherstäbchen und Musik von Pink Floyd niederließ, ihre „Joints“ oder Wasserpfeifen rauchte und die außerhalb ihrer vernebelten Welt nicht viel interessierte. Es gab zwei gute Gründe, sich dieser Leute möglichst schnell zu entledigen. Erstens, weil sie die ganze Einrichtung in Verruf brachten und zweitens nur schwer für sinnvolle Aktivitäten zu gewinnen waren.

Nicht alle Häuser beharrten auf strenger Basisdemokratie, sondern wählten sich ein Leitungsteam, das natürlich kontrolliert wurde und Rechenschaft über sein Tun oder Nichttun abzulegen hatte. Die Einrichtungen unterbreiteten zum Teil eine breite Palette von Angeboten, vom Batik-Kurs bis zur Fotowerkstatt, vom Koch-Kurs bis zum Gitarrenunterricht. Selbstverständlich alles kostenlos von Jugendlichen für Jugendliche.

Abgesehen von der Erkenntnis, dass man eigeninitiativ und selbständig etwas Positives auf die Beine stellen kann, ohne von jemand dazu angeleitet zu sein, bestand der größte Gewinn, den die heranwachsenden Besucher von Jugendzentren für sich verbuchen konnten, darin, die Bedeutung von gegenseitiger Hilfe und Solidarität schätzen zu lernen, sich mit anderen Auffassungen argumentativ auseinander zu setzen sowie sich eine eigene Meinung zu bilden und diese vertreten zu können.

Beatschuppen im Keller

Beatschuppen und Jugendräume ...

... in den Untergrund

Während der Rock 'n' Roll der 50er Jahre hauptsächlich jugendliche Arbeiter ansprach, entwickelte sich das Interesse an der Beatmusik zu einer Massenbewegung quer durch sämtliche Schichten. Vor allem Schüler von Gymnasien, aber auch Lehrlinge, fanden sich zu Bands zusammen, die in der ersten Hälfte der 60er Jahre wie Pilze aus dem Boden schossen.

Es war schon schwierig genug, einen Proberaum zu finden, wo ein Repertoire überhaupt erst eingeübt werden konnte, aber ein schier unüberwindliches Problem stellte die Suche nach Auftrittsmöglichkeiten dar. Öffentliche Spielstätten blieben den jungen Wilden erst einmal verschlossen – entweder von vornherein oder spätestens nach dem ersten Auftritt, wenn sich herausgestellt hatte, dass es zum Begriff Tanzmusik unterschiedliche Auffassungen gab.

Dem öffentlichen Druck der neuen Massenbewegung war auf Dauer allerdings nicht standzuhalten. Zunächst mussten die Beatbands mit ihren Anhängern zwar häufig noch in den Untergrund abtauchen. Ehemalige Jazzkeller, denen das Publikum ausblieb, wurden kurzerhand in Beatkeller – auch

Beatschuppen genannt – umgewidmet. Doch nach und nach weitete sich das Spektrum der Möglichkeiten aus: Kirchengemeinden stellten ihre Gemeindesäle, Gasthäuser ihre Nebenzimmer, politische Gemeinden ihre Festhallen für Konzerte zur Verfügung.

In der zweiten Hälfte der 60er Jahre nahm in größeren Gemeinwesen der Bau von Jugendhäusern als kommunale Einrichtung einen neuen Aufschwung. Neben einem reichhaltigen Beschäftigungsangebot für Kinder und Jugendliche fanden hier auch mehr oder weniger regelmäßige Musikveranstaltungen statt. Die Eintrittspreise bewegten sich auf niedrigem Niveau und einen Konsumzwang gab es nicht.

Er bediente die „Schießbude" in einer Schülerband, um 1967. (Vorlage: Albert Mergelsberg)

Die Nordsee, weiterhin ein beliebtes Ferienziel deutscher Familien in den 60er/70er Jahren

Deutsche Reiselust

An den Strand oder in die Berge

Irgendwann, gegen Ende der 60er Jahren fing sie an: die ungezügelte Lust am Reisen. Italien, Frankreich, Spanien, Griechenland – diese Länder wurden zunehmend Urlaubsländer der Deutschen. Aber auch die Niederlande und die deutsche Nord- oder Ostsee blieben als Sommerurlaubsziel gefragt. Viele konnten sich sogar schon Schiurlaube in den Alpen erlauben. Und so manche jungen Leute oder auch deren Familien fuhren mit ihrem alten VW über die Alpenpässe nach Italien oder in die Schweiz.

Urlaub kommerziell: Spanien/ Costa del Sol (Vorlage: Herkules Verlag)

Urlaubszeit war Reisezeit im Deutschland der 70er Jahre. Die Kinder der 50er Jahre, die bislang noch wenig von der Welt gesehen hatten, trieb es hinaus zur Erkundung fremder Gefilde. Wenn der Geldbeutel einen Hotelaufenthalt im Ausland nicht zuließ, ging man eben mit dem Zelt auf Reisen, fuhr in die nähere Umgebung oder versuchte per Anhalter größere Strecken zu bewerkstelligen.

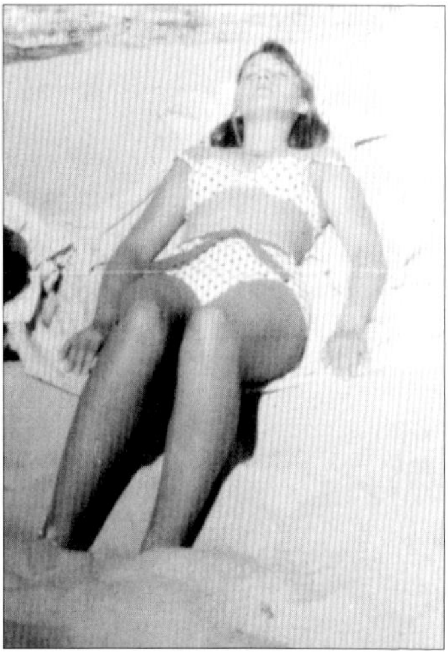

Im schicken zeitgemäßen Bikini in der Sonne braten ... (Vorlage: Reek)

... unterwegs in den Alpen mit dem alten VW ...

Urlaub an der Nordsee ... und ein Schlauchboot war in den 60er Jahren auch schon ein besonderer Luxus.

... oder auf dem Campingplatz an der Nordsee. (Vorlagen: Herkules Verlag)

Mit dem Tramperrucksack unterwegs in Griechenland. (Vorlage: Herkules Verlag)

Anders Reisen

Mit dem Daumen im Wind

Ein Problem stand der Reiselust oft entgegen: der Mangel an Geld. Wie war dem abzuhelfen? Man stelle sich an den Rand der Straße, die in die gewünschte Richtung führt, erhebe einen Arm, bis er waagerecht ausgestreckt ist oder Unter- und Oberarm etwa im rechten Winkel zueinander stehen und spreize den Daumen von der zur Faust geschlossenen Hand in besagte Richtung. Leichtes Hin- und Herschwenken des Unterarms in dieser Stellung unterstreicht zwar den Aufforderungscharakter, garantiert aber keine erhöhte Erfolgsquote.

Dieses Ansinnen, fremde Kraftfahrzeuge zur Erreichung geographischer Ziele nutzen zu wollen, nannte sich „trampen“, abgeleitet vom englischen Wort „Tramp“, der Bezeichnung für einen Landstreicher. Man wollte also wie diese möglichst kostenlos durch die Lande ziehen. Gelegentlich sagte man dazu auch „per Autostopp“ oder „per Anhalter“ reisen.

Konkurrenz am Straßenrand

Das Abenteuer einer Reise begann in vielen Fällen bereits mit dem Aufstellen am Straßenrand. An viel befahrenen Strecken trafen sich meist mehrere Interessenten, die auf dieselbe günstige Weise vorankommen wollten. Die Erfahreneren mit Fernzielen hatten Städtenamen oder deren Autokennzeichen auf Schildern aus Pappkarton gemalt und hielten diese hoch.

Eigentlich galt der Ehrencodex, wer zuerst an der Straße stand, darf auch als Erster mitgenommen werden. Nicht alle hielten sich daran und manchmal kam es zu handfesten Auseinandersetzungen. Es gab Autofahrer, die – aus welchen Motiven auch immer – Mädchen den Vorrang gaben, auch wenn diese als Letzte in einer langen Reihe Reisewilliger angekommen waren.

Die Beobachtung der häufigen Bevorzugung weiblicher Wesen machte sich die Nachfragerseite zunutze. So konnte es passieren, dass ein Autofahrer, der wegen einer attraktiven Tramperin angehalten hatte, sich plötzlich noch zwei männlichen Begleitern gegenübersah, die unvermittelt aus dem Gebüsch neben der Straße aufgetaucht waren. Da trat schon mal der eine oder andere aufs Gaspedal und düste mit quietschenden Reifen davon.

Strapaziöse Märsche

Das Trampen war oft mit erheblichen Strapazen verbunden. Zunächst ein stundenlanger Anmarsch mit vollem Gepäck und bei stechender Sonne auf dem harten Asphalt der Städte, bis man endlich an der richtigen Ausfallstraße angekommen war. In England beispielsweise hatte man damit aber noch längst nicht den optimalen Standplatz erreicht. Außerhalb der Ortschaften gab es dort schon zahlreiche Kreisverkehre, von denen immer wieder mehrere Richtungsalternativen abgingen. Man wurde von willigen Autofahrern durchaus freundlich darauf hingewiesen, dass es sinnvoll wäre, noch bis zum zweiten oder dritten „Roundabout“ weiterzugehen, weil erst dort die endgültige Abzweigung zum Ziel wäre.

Es gab Tage, an denen lief einfach nichts. Die Stunden vergingen und keiner wollte anhalten. Die Phantasie entführte einen an Orte und in Gegenden, wo es jetzt so schön sein

Manchmal fand man freundliche Menschen, die Tramper für ein paar Münzen ans gewünschte Ziel brachten. Komfortabel war das nicht, auf einem Toyota Pritschenwagen, doch das ersehnte Ziel erreichte man dennoch.

könnte und wo keine laute, stinkende Straße in die Gegenwart zurückrief. Da kochten auch Verwünschungsphantasien gegen die Autofahrer hoch, die gnadenlos vorbeirauschten, wie sie Luis Buñuel in seinem Film „Die Milchstraße" (1969) visualisierte.

Ein auf diese Weise verlorener Tag war keine Seltenheit. Daran schloss sich eine Nacht im Freien an, eventuell ohne Wasser und Essen, vielleicht fing es auch zu regnen an ...

Spannende Charaktere

Äußerst spannend verliefen schließlich die Studien über die verschiedenen Charaktere, die ihre Beifahrertür einladend öffneten. Bei kaum einer anderen Gelegenheit hätte man eine derart bunte Mischung von Menschentypen kennen lernen können. Da gab es die Verschwiegenen, denen stundenlang so gut wie kein Wort über die Lippen rutschte, ebenso wie die Redseligen, die ihre Lebensgeschichte, Ehe- und sonstigen Probleme offenbarten.

Es gab die gefährlich wirkenden Typen, bei denen nicht so ganz klar war, warum sie einen überhaupt mitnahmen und ob das Ganze gut enden würde und die einen dann sogar direkt vor der Jugendherberge abluden. Oder das liebenswerte, uralte Paar, das sich ohne Vorankündigung plötzlich dazu entschloss, eine völlig abgelegene Kapelle aufzusuchen, um dort ein Gebet zu verrichten und danach wieder zurückzufahren. Der Tramper stand zuerst verwirrt und orientierungslos in einer menschenleeren Einöde und suchte den Anschluss an die Zivilisation wieder zu finden.

Natürlich traf man überwiegend auf ganz normale Leute, mit denen sehr anregende und interessante Gespräche stattfanden und die Einladungen zum Kaffee, ja sogar nach Hause aussprachen, und zwar ohne jede verwerfliche Absicht. Dies und vielleicht noch eine rasante Fahrt in einem offenen Sportwagen, bei welcher der warme Wind durch die Haare wehte – das entschädigte für manche erlittene Unannehmlichkeit ...

Auf dem Hippie-Trail nach Nepal

Sehr beliebt war auch eine zweite Variante preisgünstigen Reisens, die sich aber in wesentlichen Teilen vom Trampen unterschied. Denn zum einen benutzte man dazu ein eigenes Auto, zum anderen führte der Trip zu weit entfernten Zielen und nahm deshalb wenigstens mehrere Wochen, wenn nicht Monate in Anspruch. Es gab eine Zeit, da zog es Tausende aus allen europäischen Ländern auf dem Landweg nach Osten in asiatische Länder.

Mindestens zwei Personen schlossen sich zu einer solchen Unternehmung zusammen, oft waren es noch ein paar mehr. Die Reisevorbereitungen nahmen etwa ein halbes Jahr in Anspruch. Zunächst galt es ein erschwingliches Fahrzeug anzuschaffen. An erster Stelle kam ein VW-Bulli in Frage. Bei Post und Polizei konnte man für relativ wenig Geld ein ausgemustertes Exemplar ersteigern. Da die Kleinbusse aber oft ziemlich „heruntergeritten“ waren, mussten sie entsprechend hergerichtet und vor allem für eine Reise ausgerüstet werden, die nicht mit einer Fahrt über deutsche Landstraßen oder Autobahnen vergleichbar war. Dann mussten etliche Visa und Genehmigungen beschafft, die vorgeschriebenen Impfungen vorgenommen und Versicherungen abgeschlossen werden. Schließlich startete eine abenteuerliche Reise auf dem legendären Hippie-Trail, der von

Große Frühstückstafel vor dem Zelt, im Hintergrund der VW-Bulli (Vorlage: Herkules Verlag)

Deutschland über Griechenland, die Türkei, Iran, Afghanistan, Pakistan, Indien, bis Nepal führte. Manche begnügten sich mit dem Endziel Afghanistan, andere zog es weiter, bis in den Himalaja-Staat.

Die Fahrstrecke bestand zum größten Teil aus Schotterpisten, entsprechend hoch war der Verschleiß an Reifen. Flüsse mussten durchquert und Gebirge überwunden werden. Zigtausende von Kilometern bewegte der 37-PS-Motor des Bulli das Gewicht der Reisenden, des Gepäcks, des Werkzeugs, von gefüllten Benzinkanistern und Wassertonnen. Kein Wunder, dass die Maschine öfter mal schlapp machte, oder diese und jene Reparatur anfiel. Ein technisch versierter Mitfahrer war da von unschätzbarem Wert.

Nicht zuletzt sorgten Angriffe auf das fahrende Auto in Form von Steinwürfen und die allgemein unsichere Lage in einigen Gegenden für zusätzliche Aufregungen.

Die Motive für einen derartigen Wahnsinnstrip reichten von reiner Abenteuerlust über grundsätzliches Interesse an fremden Kulturen bis zur Absicht, im gelobten Land des vermeintlichen Dauerrauschs sich mal so richtig zuzudröhnen.

Was sonst noch geschah ...

1.5. Letzte Lebensmittelrationierung entfällt. – **9.6.** Gründung der ARD. – **17.6.** Beim Rowohlt Verlag in Hamburg erscheinen die ersten Taschenbücher. – **13.9.** Erste Volkszählung in der Bundesrepublik. **1950**

15.2. Bundesgrenzschutz wird eingerichtet. – **29.8.** Das erste Micky-Maus-Heft erscheint in der Bundesrepublik. – **1.9.** Einführung der Zehnjahresschule in der DDR. **1951**

3.1. Das Jugendschutzgesetz tritt in Kraft. – **24.1.** Das Mutterschutzgesetz ebenso. – **16.11.** Deutsche Erstaufführung des Theaterstücks „Der gute Mensch von Sezuan" von Bertolt Brecht. – **25.12.** In der Bundesrepublik nimmt das Fernsehen den Betrieb auf. **1952**

10.5. Chemnitz wird in „Karl-Marx-Stadt" umbenannt. – **17.6.** Volksaufstand in der DDR. – **6.9.** Großer Sieg der CDU/CSU unter Bundeskanzler Adenauer bei der 2. Bundestagswahl. – **8.9.** Deutsche Erstaufführung des Dramas „Warten auf Godot" von Samuel Beckett. **1953**

4.1. Die ersten Parkuhren füllen in Duisburg die Stadtkasse. – **25.3.** Die DDR wird von der Sowjetunion als souveräner Staat anerkannt. – **4.7.** Beim Endspiel in Bern wird Deutschland Fußballweltmeister. **1954**

5.5. Die Bundesrepublik erhält die volle Souveränität. – **7.10.** Die ersten Spätheimkehrer aus der Sowjetunion treffen im Lager Friedland ein. – **31.12.** Das erfolgreichste Jahr der deutschen Wirtschaft nach dem Krieg geht zu Ende. **1955**

3.1. Offizieller Sendebeginn des Fernsehens in der DDR. – **21.7.** Einführung der allgemeinen Wehrpflicht in der Bundesrepublik. – **14.8.** Bertolt Brecht stirbt in Ost-Berlin. – **17.8.** Verbot der KPD. **1956**

1.1. Das Saarland wird zehntes Bundesland. – **15.9.** Die CDU/CSU erreicht bei der 3. Bundestagswahl die absolute Mehrheit. – **4.10**. Die Sowjetunion schickt den ersten „Sputnik" auf eine Umlaufbahn um die Erde. – **31.10.** Das erste Atomkraftwerk geht bei München in Betrieb. **1957**

25.3. Beschluss der atomaren Bewaffnung der Bundeswehr. – **1.7.** Das Gesetz über die Gleichberechtigung von Mann und Frau tritt in Kraft. – **30.7.** Das Bundesverfassungsgericht erklärt eine Volksbefragung über die atomare Bewaffnung der Bundeswehr für verfassungswidrig. **1958**

1.7. Heinrich Lübke wird zum neuen Bundespräsidenten gewählt. – **5.10.** Die Fernsehkrimiserie „Der Andere" von Francis Durbridge wirkt als „Straßenfeger". – **15.11.** Mit dem Godesberger Programm verabschiedet sich die SPD von ihren sozialistischen Wurzeln. **1959**

1960 **21.6.** Armin Hary erläuft mit 10,0 Sekunden den Weltrekord über 100 Meter. – **15.7.** Wiedergutmachungsabkommen mit Frankreich unterzeichnet. – **18.8.** Eine amerikanische Firma bietet die erste Antibabypille zur Empfängnisverhütung an.

1961 **3.4.** Die ersten Zivildienstleistenden beginnen in der Bundesrepublik ihren Dienst in sozialen Einrichtungen. – **6.6.** Gründung des ZDF. – **13.08.** Errichtung der Mauer zwischen Ost- und West-Berlin.

1962 **17.2.** Sturmflut verheert Nordseeküste. – **21.3.** Maßhalteappelle des Bundeswirtschaftsministers Ludwig Erhard. – **19.6.** Die ersten vier von insgesamt über 250 Starfightern stürzen ab. – **27.10.** Beginn der „Spiegel"-Affäre.

1963 **22.1.** Vertrag über deutsch-französische Zusammenarbeit. – **26.6.** Der amerikanische Präsident John F. Kennedy bekennt sich als „Berliner". – **24.8.** Erster Spieltag der neu eingeführten Fußball-Bundesliga.

1964 **4.4.** Bubi Scholz wird Boxeuropameister im Halbschwergewicht. – **7.9.** Die DDR kreiert den „Bausoldat" als Wehrdienstleister ohne Waffe. – **10.9.** Der einmillionste Gastarbeiter trifft aus Portugal ein. – **28.11.** Gründung einer neuen Nazi-Partei (NPD).

1965 **9.8.** Die Nachfrage nach den neuen „Mofas" übersteigt die Produktionskapazitäten. – **19.8.** Auschwitz-Prozess endet mit milden Urteilen für die SS-Schergen. – **3.12.** Handelsabkommen zwischen DDR und Sowjetunion.

1966 **7.1.** Bundesregierung erklärt Unterstützung der amerikanischen Kriegsführung in Vietnam. – **9.5.** Erstes Atomkraftwerk der DDR geht in Betrieb. – **24.7.** Beginn der ersten Kinder- und Jugendspartakiade in Ostberlin. – **30.11.** Rücktritt von Bundeskanzler Ludwig Erhard.

1967 **22.2.** In München findet die erste Demonstration gegen eine Erhöhung der Straßenbahntarife statt. – **2.6.** Der Student Benno Ohnesorg wird von Kriminalobermeister Kurras hinterrücks erschossen. – **28.8.** DDR führt Fünftagewoche ein.

1968 **15.1.** Beginn der erfolgreichen Protestaktionen Bremer Schüler gegen die Erhöhung der Verkehrstarife. – **12.4.** Nach dem Mordanschlag auf Rudi Dutschke kommt es zu den schwersten Straßenschlachten in Deutschland seit der Weimarer Republik. – **30.5.** Verabschiedung der Notstandsgesetze.

1969 **5.3.** Die „Kommune I" in West-Berlin erhält Polizeibesuch. – **21.7.** Eine lange Fernsehnacht mit den ersten Menschen auf dem Mond. – **21.10.** Der erste Bundeskanzler der SPD heißt Willy Brandt.

21.3. Der SDS gibt seine formelle Auflösung bekannt. – **18.6.** Der Bundestag beschließt die Herabsetzung des aktiven Wahlrechts auf 18 Jahre. – **7.12.** Kniefall von Bundeskanzler Brandt vor dem Ehrenmal im Warschauer Ghetto. **1970**

5.2. „Haarnetz-Erlass" bei der Bundeswehr. – **3.5.** Erich Honecker wird führender Mann in der DDR. – **1.9.** Bundesausbildungsförderungsgesetz (BAföG) tritt in Kraft. – **11.12.** Unterzeichnung des Transit-Abkommens zwischen Bundesrepublik und DDR. **1971**

28.1. Beschluss des „Radikalenerlasses" und damit Einführung der Praxis der Berufsverbote. – **15.6.** Der harte Kern der Baader-Meinhof-Gruppe ist weggeschlossen. – **5.9.** Der Überfall arabischer Terroristen auf die israelische Olympiamannschaft in München endet verheerend. **1972**

8.1. Die Sesamstraße kommt ins westdeutsche Fernsehen. – **18.9.** Aufnahme von Bundesrepublik und DDR in die Vereinten Nationen. – **25.11.** Die „Ölkrise" beschert den ersten autofreien Sonntag in der Bundesrepublik. **1973**

13.9. RAF-Häftlinge treten aus Protest gegen die Haftbedingungen in den Hungerstreik. – **14.10.** Erste Ikea-Filiale bei München eröffnet. – **12.12.** Das Hochschulrahmengesetz wird verabschiedet. **1974**

1.1. Die Volljährigkeit liegt nun bei 18 Jahren. – **21.3.** Gerichtsbeschluss stoppt den Bau des Atomkraftwerks im badischen Wyhl. – **24.4.** Das „Kommando Holger Meins" überfällt die deutsche Botschaft in Stockholm. **1975**

13.11. Am Bauplatz des geplanten Atomkraftwerks Brokdorf kommt es zur Schlacht zwischen Demonstranten und der Polizei. – **16.11.** Liedermacher Wolf Biermann wird aus der DDR ausgebürgert. **1976**

7.4. Generalbundesanwalt Buback wird erstes Opfer der RAF in diesem Jahr. – **9.10.** Günter Wallraf stellt sein Buch „Der Aufmacher" über das Innenleben der BILD-Zeitung vor. – **18.10.** Die GSG 9 stürmt die „Landshut" auf dem Flugplatz von Mogadischu. **1977**

1.1. Das Datenschutzgesetz tritt in Kraft. – **13.7.** Ex-CDUler Herbert Gruhl gründet die Umweltpartei „Grüne Aktion Zukunft" (GAZ). – **22.10.** Astrid Lindgren erhält den Friedenspreis des Deutschen Buchhandels. **1978**

17.1. Erster Smogalarm im Ruhrgebiet. – **10.6.** Erste Direktwahl zum Europäischen Parlament. – **16.9.** Zwei Familien fliehen in einem selbstgebastelten Heißluftballon aus der DDR. **1979**

13.1. „Die Grünen" konstituieren sich als Bundespartei. – **3.5.** „Freie Republik Wendland" gegen Atomlager bei Gorleben gegründet. – **6.4. Wiedereinführung der Sommerzeit.** **1980**

Das individuelle Geschenk aus dem Herkules Verlag:

Oh je, wie doch die Zeit vergeht! –
Geboren in den 20ern
von Geo Kaef
80 S., gebunden,
zahlr. S-w-Fotos
(ISBN 3-937924-19-1)

Oh je, wie doch die Zeit vergeht! –
Geboren in den 30ern
von Jochen A. Veeser
80 S., gebunden,
zahlr. S-w-Fotos
(ISBN 3-937924-20-5)

Oh je, wie doch die Zeit vergeht! –
Geboren in den 40ern
von Wolfgang Rudolph
80 S., gebunden,
zahlr. S-w-Fotos
(ISBN 3-937924-21-3)

Oh je, wie doch die Zeit vergeht! –
Geboren in den 50ern
von Günther Klugermann
80 S., gebunden,
zahlr. S-w-Fotos
(ISBN 3-937924-22-1)

Oh je, wie doch die Zeit vergeht! –
Geboren in den 60ern
von Andreas B. Krause
88 S., gebunden,
zahlr. S-w-Fotos
(ISBN 978-3-937924-69-4)

Herkules Verlag

Richard-Strauß-Straße 33 · 34128 Kassel · Telefon (0561) 9 37 17 38
www. herkules-verlag.de